Christian Beneker • Barbara Einhoff • Imke Zimmermann

Geheimnisvolles Bremen

Wartberg Verlag

Die Autoren ...

... sind drei Journalisten aus Bremen, die auszogen, hinter den altbekannten und den neueren bremischen Geschichten Hintergründiges und Kurioses zu Tage zu fördern. Wie alle Journalisten stehen sie auf den Schultern von Wissensriesen, die ihnen in Gesprächen und Gedrucktem den Zugang zu den Themen ebneten. Dank sagen wir Joachim Plate, der die Heini-Holtenbeen-Skulptur in ungewohnte Posen brachte.
Ein großes Dankeschön auch den Firmen, Organisationen und Kollegen, die uns mit Bildmaterial unterstützt haben, allen voran dem Fotografen Jörg Sarbach.

Bildnachweis:
Die Fotos stammen, wenn nicht anders angegeben, von den Autoren. Titelbild „Kneipenmeile Schlachte" von Frank Pusch.

1. Auflage 2004

Druck: Bernecker, Melsungen
Buchbinderische Verarbeitung: Büge, Celle

34281 Gudensberg-Gleichen • Im Wiesental 1
Telefon: 0 56 03/9 30 50 • www.wartberg-verlag.de
ISBN 3-8313-1304-0

Unterwegs in einer alten Hansestadt

Unser Stadtführer Heini Holtenbeen

Bremen 1904: Seit 500 Jahren wachte der Roland vor dem Rathaus über die Freiheit der Bürger, seit 27 Jahren behielt Bremens erster Bischof Willehad als Brunnenfigur vor dem Dom die geistlichen Geschicke der Hansestadt im Blick. Seit einiger Zeit freuten sich die Kaufleute am stolzen Wahlspruch „Buten und Binnen – Wagen und Winnen" über dem Eingang zum Schütting. Schräg gegenüber an der Börse florierten die Geschäfte.

Mitten drin ein 69-Jähriger, der daran keinen Anteil genommen haben dürfte. Jürgen Heinrich Keberle, nach einem Sturz lahm und etwas wunderlich, hatte seine Lehre bei einem Tabakküpermeister abbrechen müssen. Seither zog er als Dienstmann mit einem Handwagen kreuz und quer durch die Stadt, um sich mit kleinen Besorgungen über Wasser zu halten. Es reichte offensichtlich nicht, weshalb er im Schnoor – damals noch Arme-Leute-Gegend der Altstadt – keine dauerhafte Bleibe fand und zeitweilig im Armenhaus lebte.

Stadtbekannt war er dennoch – unter dem Namen „Heini Holtenbeen", obwohl er kein Holzbein hatte. Vielleicht weil er so oft vor der Börse darauf wartete, dass Kaufleute ihre Zigarrenstummel fortwerfen würden, damit er sie aufsammeln könnte. Oder wegen seiner denkwürdigen Redensarten. „Wenn de Welt unnergeit, föhr ick no Hannover, dor heff ick Verwandte": Diese Wendung zeugte von Pragmatismus auf „Platt" und „Bremsch". Ebenso rätselhaft wie beunruhigend klang dafür: „Teindusend Särge swommen de Weser entlang". Rührend hingegen, wenn er hinzusetzte: „Und keenen vor mi!"

Heini Holtenbeen: ein Mann aus dem Volke und ein Bremer Original, an den im Schnoor ein Denkmal erinnert. Viel hat er gesehen auf seinen Streifzügen, vieles war noch Zukunft, als er 1909 starb – so erhebt sich am früheren Standort der Börse seit den 60er Jahren der Bremer Landtag. Wir haben beschlossen, ihm ein bisschen von dem Bremen zu zeigen, das ihm verschlossen geblieben sein durfte, und von der Stadt, die er nicht mehr erkunden konnte. Kommen Sie mit – was Sie entdecken, wird Sie ebenso verblüffen, wie es Heini verwundert hätte.

Das Schnoor-Denkmal von Klaus Homfeld zeigt Heini Holtenbeen, wie ihn die alten Bremer kannten: Mit einer zerbeulten Melone auf dem Kopf und einem Zigarrenstumpen in der Hand. Er begleitet Sie, liebe Leser, mit Kommentaren in einem Gemisch aus „Platt" und „Bremsch" durch das Buch.

Bremens Wiege

Der Sankt-Petri-Dom

Bremens Wiege stand dort, wo sich heute der Sankt-Petri-Dom erhebt: eine fast 100 Meter lange Kirche, entstanden ab 1041; zwei massige Türme zum Marktplatz hin, erneuert an der Wende zum 20. Jahrhundert; zwischen den Portalen ein Jugendstilmosaik; im berühmten Bleikeller Leichen zum Ansehen.

Der Pakt der Mächtigen. Kaiser Karl überreicht seinem Missionar den Dom zu Bremen. Ein Relief an der Orgelempore des Bremer Doms.

Als im Jahr 789 der Missionar Willehad hier die erste Kirche auf die Flussdüne baute, hatte Karl der Große (768-814) gerade die Sachsen zwischen Elbe und Weser unterworfen, deren Anführer Widukind 785 zur Taufe genötigt und Willehad kurz darauf zum ersten Bischof des neu entstandenen Bistums gemacht.

An der Westempore findet sich das Urbild der Geburt Bremens: Karl und Willehad halten gemeinsam den Dom in Händen. Dabei war Willehads Gründung eigentlich ein Holzkirchlein, das bald abbrannte, wieder aufgebaut wurde und abermals niederbrannte. Erst der Bremer Bischof Bezelin legte 1041 den Grundstein für den heutigen Bau. Bis in die Gegenwart prägt der romanische Kern der Kirche den Gesamteindruck des Doms, trotz frühgotischen Umbaus und noch späterer Anbauten.

Auch ein echtes Geheimnis hat der Dom. Es lag Jahrhunderte lang unentdeckt unter den Bodenplatten der Kirche. Geahnt hatte man nichts, als man Anfang der 70er Jahre des vergangenen Jahrhunderts in Bremens Hauptkirche eine neue Fußbodenheizung verlegte. Da stießen die Bauarbeiter und die vorsorglich hinzugezogenen Archäologen „auf eine Weltsensation", wie Dr. Ingrid Weibezahn sagt, die Kustodin des Dommuseums. Bei den Bauarbeiten fand man Gräber mit bis heute rätselhaften Gebeinen. „Vorsichtig geschätzt aus dem 12. Jahrhundert", sagt Weibezahn. Aber wer genau wurde hier bestattet? Und warum hatten sich hier im Bremer Boden so viel von den prachtvollen Gewändern aus Seide erhalten und warum die Krumms Stäbe der Bestatteten, während so alte Grabbeigaben andernorts längst zu Staub zerfallen sind? Weibezahn: „Wir wissen es nicht. Es bleibt ein Geheimnis!"

Bremens Wiege von innen.

Der Sankt-Petri-Dom

Viele dieser kostbaren Teile von Pontifikalgewändern werden im Dommuseum aufbewahrt, zusammen mit Mitren, Bischofsstäben, Gemälden und Altargeräten. Weitaus profaner geht es häufig auf den Stufen der schönen Kirche zu. Wer von den Bremer Männern mit 30 Jahren immer noch nicht unter der Haube ist, muss, so will es der Brauch, die Domtreppen fegen. Dabei bestreut der Anhang des Junggesellen die eben gesäuberten Stufen mit Sägemehl und spielt dazu Dreh-orgelmusik. Das Spiel geht so lange, bis eine Jungfrau den „Jüngling" frei küsst. Den Frauen ergeht es ähnlich, wenn sie mit 30 nicht ans Heiraten denken. Sie müssen allerdings die Klinken der Domtüre polieren.

Ein Krummstab aus Gräbern im Dom, kostbar und rätselhaft. Er ist erhalten geblieben. Ebenso wie die Prachtgewänder, die rätselhafter Weise nicht verrotteten.
Abb.: Bremer Landesmuseum für Kunst und Kulturgeschichte

Der ehrwürdige Dom (links die Rathausfront). Die beiden Domtürme sind nicht so alt, wie sie scheinen. Sie erhielten erst Anfang des letzten Jahrhunderts diese Form.

„Door passt bannig veel Minschen rin!"

Sakraler Oldie

Die Liebfrauenkirche

Die Bremer halten auf Tradition. Wer am weitesten zurückblicken kann, der zählt was in der Stadt. Und die Kirchen streiten mit: Wer ist die Ältste im ganzen Bundesland? Die Unser-Lieben-Frauen-Kirche oder der Dom? Wer hält Bremens Kirchenfähnlein hoch – die reformiert geprägte Gemeinde von der Unser-Lieben-Frauen-Kirche oder die konservativen Lutherischen von der Domgemeinde? Wer hat das Sagen in der Stadt – die SPD (Unser Lieben Frauen) oder die CDU (Dom)?

Blumenmarkt und Würstchenbude - Bremens Liebfrauenkirche kennt keine Berührungsängste.

Natürlich wird diese Bremer Kabbelei augenzwinkernd geführt. Schon wegen der großen Koalition in der Bürgerschaft. Aber gelegentlich legt man nach. Hat nicht Adam von Bremen, ein berühmter Kirchenbiograf der Stadt, schon im Jahr 1080 geschrieben, Bischof Uwan von Bremen habe 60 Jahre zuvor, also 1020, „Bäume der Haine fällen lassen, die die Heiden noch immer aufsuchen" und „St. Viti" gebaut, den Vorgänger-Bau der Liebfrauenkirche? Und ist nicht der steinerne Dom erst 1041 gebaut? „Eben!", meinen die Anhänger der Liebfrauenkirche. Damit dürfte der Streit doch wohl entschieden sein!

Außen wie innen findet das Auge die Spuren der Baugeschichte der Liebfrauenkirche.

Ist dies Bremens ältester Keller, der Beinkeller der Liebfrauenkirche, genannt „Krypta"?

Keineswegs. Nach neueren Erkenntnissen ist der älteste Teil der Kirche möglicherweise erst im 12. Jahrhundert entstanden. Denn da ist der steinerne Keller, genannt „Krypta", links vom Kirchenraumeingang. Die Art, wie seine Steine behauen sind, weist auf eine Entstehungszeit im 12. Jahrhundert hin, meint mancher Kunsthistoriker. Der Keller könne so gesehen also nicht Fundament der ersten Bremer Kirche aus „heidnischem" Holz sein und damit auch nicht Bremens ältester Kirchenraum. Wenn da nicht die Knochen wären, die man im Keller fand. Sie stammen aus der Zeit vor dem Jahr 1000. Allerdings – wenn die Knochen sehr alt sind, muss es der Raum noch lange nicht sein. So seltsam angeordnet fand man die Gebeine, dass man darauf schließen könnte, dass sie später in den Keller gebracht wurden; anderseits ...

Wie dem auch sei. Mit dem Dom ist die Liebfrauenkirche die älteste Kirche der Stadt, begehrt und beliebt als Konzertkirche und bar der Opulenz der großen Schwester. In den 70er Jahren fand man unverputzte Wände chic. Seitdem gibt sich der Innenraum der Liebfrauenkirche in rohem Klinker. Er verleiht dem Raum etwas Karges, Konzentriertes und Stilles.

Der Liederdichter Joachim Neander

Eigentlich hieß er Joachim Neumann – einen Allerweltsnamen also trug zunächst dieser Bremer Liederdichter und Pfarrer. Und doch kennen Millionen seinen berühmten Liedtext: „Lobe den Herren, den mächtigen König der Ehren". Und vielleicht auch seinen bekannteren Familiennamen: „Neander". Genauso wie sein berühmter Vorkämpfer in Sachen Reformation, Philipp Schwarzerd, der sich „Melanchthon" nannte, hatte Neumann seinen Nachnamen ins Griechische übertragen.

Joachim Neanders Statue steht heute am Eingang seinen Wohnhauses an der Bremer Martinikirche, in dem er nur ein Jahr arbeitete und lebte, von 1679 bis 1680. Erst 30-jährig starb Neander. Sein berühmtes Lied hat ihn nun schon Jahrhunderte überlebt.

Die längere Zeit seines Lebens hatte Neander als Rektor einer reformierten Lateinschule in Düsseldorf gearbeitet. Weil er ein nahe gelegenes Tal so gerne besuchte, um dort zu wandern und seine Liedtexte zu dichten, steht Neanders Name auch für eine weit weniger majestätische Erscheinung als den „mächtigen König der Ehren" – für einen kräftig gebauten, plattnasigen Urmenschen.

Denn knapp 180 Jahre nach Neanders Tod, im Jahr 1856, war der Name des Theologen im von ihm geliebten Düsseltal noch so gut bekannt, dass man das Tal und davon abgeleitet den berühmten Knochenfund nach dem Liederdichter aus dem Norden benannte: Neandertaler.

Nur ein Jahr hat der berühmte Pfarrer hier im Neanderhaus gelebt. Heute erinnert eine Statue an ihn und seine Dichtungen.

Ein friedvolles Kleinod

Das Birgittenkloster

Eine schwere Eisengittertür, ein winziger Innenhof mit noch kleinerem Garten, eine Kapelle und ein Wohnhaus samt Gästezimmern – das Bremer Birgittenkloster. Die Schwedin Birgitta Persson lebte Anfang des 14. Jahrhunderts. Lange in Vergessenheit geraten, wurde ihr Orden zum Beginn des 20. Jahrhunderts wiederentdeckt und ist heute weltweit auf rund 570 Schwestern angewachsen. Mit der jüngsten Gründung des Ordens im „Bummel-Viertel" Schnoor ist in der Bremer City eine Oase der Ruhe entstanden. Damit wurde in der protestantischen Kaufmannshochburg Bremen erstmals seit der Reformation wieder ein Klosterneubau vollendet.

Im Oktober 2002 wurde dieses 41. Kloster des Ordens eingeweiht (das 42. steht inzwischen auf Kuba). Sieben Schwestern aus Schottland, Polen, Italien, Indien und Deutschland leben hier nach einem strengen Tagesablauf: „ora et labora" – „bete und arbeite" heißt die alte Klosterregel. Von morgens um 6 Uhr bis abends um 9 Uhr wird der Tag der Schwestern durch sieben Gebetszeiten eingeteilt.

Nichts für Laien? Weit gefehlt. Das Kloster bietet in seinen Mauern insgesamt 17 Gästen Platz. Immer mehr Menschen suchen offenbar die Stille des Ordens. „Kloster auf Zeit", so der Name dieses speziellen Angebots, ist populär geworden. Die Betreuung der Gäste bedeutet den Schwestern die zweite Hälfte ihres Gelöbnisses: arbeiten. „Unsere Zimmer sind fast immer belegt", sagt eine Schwester.

Kleinod des Klosters: die Kapelle; ein stiller, heller Raum. Zur Eröffnung des Klosters hat Bürgermeister Henning Scherf die Fenster gespendet. Darin ist das Bekenntnis Birgittas eingearbeitet, der Missionarin des Nordens. Es lautet unter anderem: „Gefährlich ist das Zögern und gewagt das Fortschreiten."

Blick aus der Kapelle in den Klosterhof.

Schlicht und schön. Die moderne Architektur des Klosters fängt das Licht.

Bier im heiligen Parkhaus

Das Katharinenkloster

Man kann den Bremern eine Menge nachsagen – dass sie heutzutage außergewöhnlich fromm seien, allerdings nicht. So haben sie ihre ältesten Reste klösterlichen Lebens einer alternativen Nutzung zugeführt: Auf den Fundamenten des Katharinenklosters in der Bremer City steht ein Parkhaus. Dafür wird im Kreuzgang und im Refektorium, den Resten der Klosteranlage, Bier ausgeschenkt. Doch hat nicht Bier eine Uralt-Tradition in der Stadt? Bereits um das Jahr 1200 konnte sich das Domkapitel Bremens über Einnahmen aus der Bierbrauerei freuen.

Der heilige Christopherus dient nur noch dem Ambiente in der Braustube.

Das 1225 von den Dominikanern gegründete Kloster wurde 1528 im Zuge der Reformation wieder geschlossen und die umliegenden Friedhöfe wurden mit Häusern überbaut. Danach zog die Lateinschule ein. Im 17. Jahrhundert wurde sie zum „illustren Gymnasium", einer Art inoffiziellen Universität der Stadt. Zwischendurch kam ein Leihhaus im Kloster unter, das Waffenarsenal der Stadt (Zeughaus), das Staatsarchiv, das Focke-Museum. 1960 wurde gar der Denkmalschutz aufgehoben, die letzten Reste des Gebäudes wurden abgebrochen. Übrig blieb nur jener Rest, der heute als Bierkeller genutzt wird.

Einziger Trost: Unter den verbliebenen sieben Jochen der einst prächtigen Anlage wird wenigsten Klosterbräu ausgeschenkt. Seit 2003 heißt es mitten in der Bremer City: „Grüß Gott im Andechser!" Und aus einer Nische der hübschen Braustube schaut gnädig der heilige Christopherus herab, der den Klosterabbruch überstanden hat.

Das Katharinenkloster heute: Bierstube mit Aura.

Wie die Perlen auf der Schnur

Der Bremer Schnoor

In Bremen steht eines der weltweit kleinsten Hotels: das Hochzeitshaus im Bremer Schnoor. Im Mittelalter musste eine Bleibe innerhalb der Stadtmauern nachweisen, wer sich im Dom trauen lassen wollte. Und man zog deshalb in eines der Hochzeitshäuser der Stadt. Das ist lange her. Heute ist eines der Häuschen wieder eingerichtet und als winziges Hotel ständig ausgebucht. In zehn Jahren haben sich mehr als 1000 Paare hier zu ihrer Hochzeit vergnügt, seit man 1993 im Schnoor wieder an die mittelalterliche Tradition der Hochzeitshäuser anknüpfte. Viele prominente Pärchen übernachteten hier, deren Namen die Vermieter diskret verschweigen.

„Jauchzet, frohlocket!" – der letzte Teil der Bremer Stadtmauer bildet die Rückwand eines Weihnachtsladens im Schnoor.

Allerdings kennt sonst im Bremer Schnoor jeder jeden. „Schnoor" wurde das Viertel ab Mitte des 15. Jahrhunderts genannt, wegen der Häuser, die hier wie an einer Schnur („Schnoor") aufgereiht standen. Nachdem das Viertel in der 50er Jahren fast unter die Räder der Städtebauer gekommen wäre, hatte der Senat ein Einsehen und ließ Haus für Haus sanieren. Die Bremer Uralt-Stadt – heute ein Dorf der Kunsthandwerker und Kneipiers: 100 Häuser, 18 Kneipen, Kunsthandwerker und Gassen, enge Mauern, winzige Giebel, unter denen oft noch die Inhaber der Geschäfte leben, und lauter kleine Anekdoten. Zum Beispiel die über Conny „Kitt", dem Glaser-Sohn aus dem Schnoor, der als Junge im vergangenen Jahrhundert die Scheiben der Leute einwarf, damit die Familie ein Auskommen hatte. Später war Conny einer der Wenigen, der die Balge-Gewölbe unterm Schnoor-Pflaster noch kannte und wusste, wohin sie führten. Denn wo der Weserarm Balge einst in den großen Fluss mündete lag Bremens erster Hafen.

Ein verschwiegenes Häuschen für die Hochzeitsnacht in den engen Gassen des Gängeviertels Schnoor, des ältesten Bremer Stadtviertels. Aber Vorsicht! Wer nicht aufpasst, wird von gegenüber beobachtet!

Der Bremer Schnoor

Bummeln, gucken, einkaufen – hier ist Bremen am entspanntesten.

Früher nächtigten im „Kaiser Friedrich" die Kapitäne. In dem heutigen Speiselokal ist jeder Gast Kaiser.

Bremens Meistgeliebter

Der Roland

Bremens Meistgeliebter heißt Roland. Wer die Hansestadt verlässt, heißt es, muss den Roland vor dem Abschied streicheln, denn das bringt Glück. Zu seinen Füßen liegt die Figur eines Krüppels. Die Fläche, die dieser an einem Tage ummessen konnte, hat der Sage nach Gräfin Emma von Lesmon einst der Stadt geschenkt: die Bürgerweide samt Bürgerpark.

Die 5,5 Meter hohe, steinerne Roland-Statue auf dem Marktplatz vor dem Rathaus gilt als Ausdruck des Selbstbewusstseins der Bremer Bürger gegenüber der Kirche. 1404 ersetzten die Patrizier der Stadt den hölzernen Vorgänger durch eine Figur aus Stein. Sein Schild ziert heute die Aufschrift: „Vryheit do ik yu openbar, de karl und menich vorst vor war desser stede ghegeven hat: des danket gode is my radt!" Auf Hochdeutsch: „Freiheit offen-

Das sind sie: Bremens spitzeste Knie. „Deit di dat nich weh?" fragt der Volksmund.

Nicht nur der Marktplatz, auch der Dom hat seine Roland-Figur.

Der Roland

bare ich Euch, die Karl und viele Fürsten dieser Stadt gegeben hat, dafür danket Gott, ist mein Rat."

Heute dient der Roland vor allem als Hintergrund für Erinnerungsfotos. Zwar gibt es rund 20 weitere Roland-Figuren in Deutschland. Aber Bremens Meistgeliebter ist (natürlich!) der Berühmteste. Denn er hat die spitzesten Knie der Stadt, über die sich bereits der Volksmund wunderte: „Roland mit de spitzen Knie; segg mol, deiht di dat nich weh?"

Übrigens – sollte der Roland jemals wanken – in den weitläufigen Gewölben des Ratskellers der Stadt liege eine Ersatzfigur, besagt eine Anekdote. Werde der Ersatzmann nicht innerhalb von 24 Stunden aufgestellt, sei es um die Freiheit der Stadt geschehen und man müsste sich einen anderen zum Streicheln suchen. Glücklicherweise ist das nur eine Sage.

Von jeher Symbol der bürgerlichen Freiheit: der Roland.
Foto: Jörg Sarbach

Der Glanz des Jugendstils

Die Güldenkammer im Rathaus

Es ist nicht alles Gold, was glänzt. Dieses Sprichwort mag über Jahrhunderte für den einen Raum in Bremen zugetroffen haben, der das Edelmetall seit dem 17. Jahrhundert im Namen führt: die „Güldenkammer" im Rathaus. Seine Bezeichnung verdankt das Zimmer vermutlich einer glänzenden Leder-Tapete. Wie diese damals aussah, ist nicht bekannt, und ungewiss ist, ob sie wirklich vergoldet war. Die Beschichtung solcher Tapeten konnte auch aus Blattsilber bestehen, das durch Firnis goldfarben glänzte. Sicher ist: Seit 1964 trägt die Kammer ihren Namen zu Recht, denn bei der damaligen Erneuerung wurde die Tapete nachweislich vergoldet.

Das Jugendstil-Zimmer wird heute geschont – Touristen bleibt ein Blick durch die Tür.

Der Entwurf der Tapete stammt von dem Worpsweder Künstler Heinrich Vogeler. Dieser konzipierte 1904/05 vom Mobiliar bis zum Türknauf auch die Gesamtausstattung des Raumes, an der nur in den 30er Jahren einige Details verändert wurden. Heute gilt das Zimmer als ein seltenes Beispiel für ein erhaltenes Raumkunstwerk des Jugendstils, wird darum sehr geschont und nur zu festlichen Anlässen einmal genutzt.

Ein Stück der Original-Vogeler-Tapete samt Kupfermodel werden heute im Tapetenmuseum in Kassel aufbewahrt.

Zurück zu der Tapete: Gearbeitet wurde sie von dem bedeutenden Hamburger Kunsthandwerker Georg Hulbe gegen ein vergleichsweise bescheidenes Honorar: Auf Hulbes Konto landeten gerade mal 2250 der 45 000 Reichsmark Gesamtausgaben. Der Wandschmuck besticht durch leuchtende Rot- und Goldtöne, denn Vogeler war zwar ein berühmter Künstler, doch auch Pragmatiker. Er hatte sich die Tapete ursprünglich grün-golden vorgestellt, weil aber dieser Entwurf missfiel, brachte Vogeler „die Tapetenangelegenheit", wie er sich ausdrückte, umstandslos ins Reine.

Dieser Vorbau trennt die Güldenkammer von der oberen Rathaushalle. Ein Schatz für sich, wie im Rathaus noch viele zu entdecken sind.
Foto: Jörg Sarbach

Die Henne und die Küken – Das Relief am Rathaus

Die Güldenkammer ist einer der prachtvollsten Schätze des Bremer Rathauses – doch nur einer von sehr vielen. Um sie alle zu entdecken, sind Ausdauer und gelegentlich ein gutes Auge notwendig. Die überreiche Renaissance-Fassade beispielsweise, die das Rathaus weltberühmt gemacht hat, lohnt genaues Hinschauen. Zu entdecken ist das wirkliche Wahrzeichen Bremens: ein Federtier, nicht etwa der Roland oder der Bremer Schlüssel.

Über dem zweiten Arkadenbogen von links ist eine Dame mitsamt Henne und Küken zu erkennen. Die Darstellung gilt oft als Symbol für Fruchtbarkeit, Mütterlichkeit und Häuslichkeit – doch warum ist die junge Dame dann so kriegerisch gewandet? Wenn das auch kaum auszumachen ist, so trägt sie doch einen Waffenrock. Vielleicht soll das Relief doch eher den Schutz symbolisieren, den eine Obrigkeit ihren Untertanen schuldet.

Forschung hin, Deutung her – in Bremen hat sich ein völlig andere Version durchgesetzt: Die Figurengruppe wird als Darstellung der Gründungslegende Bremens verstanden. Nach der von Friedrich Wagenfeld Mitte des 19. Jahrhunderts aufgezeichneten Sage soll nämlich eine Henne den ersten Siedlern den Weg zu einem sicheren Lagerplatz gewiesen haben, aus dem sich über die Jahrhunderte die Hansestadt entwickelte.

Ein hübsche Vorstellung, mehr nicht? In manchen Kreisen avancierte das kleine Bild im Zwickel jedenfalls zum Symbol der Hansestadt schlechthin: Wandernde Handwerksburschen mussten sich früher bestimmte Bau-Merkmale einprägen, um sich in der Fremde auszuweisen. In Bremen war dieses Merkzeichen die Gluckhenne, wie ein Historiker 1799 notierte.

Die Dame mit der Henne ist das bekannteste Relief am Bremer Rathaus.

Darauf steht der Senat: Den Teppich seines Versammlungsraums zieren ungezählte Bremer Schlüssel – nicht die Gluckhenne.

Das Rathaus entstand in drei Etappen: Ab 1405 wurde der gotische Kernbau mit den beiden übereinanderliegenden Hallen errichtet, im Zuge der Neugestaltung ab 1608 entstand die berühmte Fassade, von 1909 an erhielt das Rathaus einen Anbau, in dem seither der Bürgermeister residiert.

Die ältesten Weine Deutschlands

Der Apostelkeller

Im flackernden Kerzenlicht sind die Schilder auf den Fässern nur mühsam zu entziffern. „Thomas" steht auf dem einen, „Andreas" auf einem anderen. Die zwölf Getreuen Jesu haben dem kleinen Gewölbe unter dem Rathaus den Namen „Apostelkeller" gegeben. Gelagert werden hier Weine aus vergangenen Jahrhunderten – sherryähnlicher Duft benebelt die Sinne, so lange sind sie gereift. Lampen gibt es auch im Nachbarkeller nicht, sodass auch der bedeutendste Schatz des Hauses nur zu erahnen ist: Das Fass birgt den ältesten Wein Deutschlands, einen – heute unverkäuflichen – Rüdesheimer von 1653.

Die „Schatzkammer" im hintersten Winkel des Ratskeller-Lagers birgt die edelsten Tropfen des Hauses. *Fotos (5): Jörg Sarbach.*

Beim Ratskeller hat der Ruhm mehrere Väter. Seit 1405 am heutigen Standort, ist er einer der ältesten Stadtweinkeller Deutschlands. Auch gilt er mit 800 Sitzplätzen als größte Weingaststätte der Republik und soll mit mehr als 600 Sorten die vielfältigste Weinkarte bieten. Schon früher muss ein Besuch durch Superlative berauscht haben: Der letzte deutsche Kaiser Wilhelm II. kehrte dort ein, wann immer er in Bremen weilte. Wilhelm Hauff inspirierten die Gewölbe samt der geistigen Getränke 1826 zu den „Phantasien im Bremer Ratskeller", eine Erzählung, die Max Slevogt später in Wandbildern verewigte.

Seit 600 Jahren wird im Ratskeller neben gewaltigen Fässern gezecht, dessen größtes mehr als 30 000 Liter fasst.

Kaum ein prominenter Gast, der den Ratskeller ausgelassen hätte. Nach dem Zweiten Weltkrieg fand er zunächst viel Zuspruch bei den amerikanischen Besatzungstruppen, die hier ihr Offizierscasino einrichteten. Die Gäste verschonten einer Anekdote zufolge die Vorräte in Apostel- und Rose-Keller nur deshalb, weil der Truppenarzt sie als gesund-

Der Apostelkeller

Wer etwas Intimität sucht, setzt sich in eine der „Priölken" an der rechten Wand. Es heißt, dass in den lauschigen Nischen die Kaufleute Verträge schlossen. Damals wie heute bleibt die Tür offen, wenn sich darin weniger als drei Personen befinden.

heitsschädlich deklarierte. „GI Joe's Nr. 1 Beerhall" hat ein Ratskeller-Chronist die Messe genannt – eigentlich war Bier längst von der Getränkekarte verbannt. Einer der letzten, der sich an Gerstensaft erfreute, könnte der spätere Karl-Marx-Mitstreiter Friedrich Engels gewesen sein, der die Langeweile seiner Bremer Azubi-Jahre im Ratskeller zu ertränken pflegte. 1839 berichtete er über eine „große Knüllität im Weinkeller von zwei Flaschen Bier und zweieinhalb Flaschen Rüdesheimer 1794er".

Erst seit zwei Jahren gibt es wieder Pils im Ratskeller, dezent in undurchsichtigen Krügen gereicht. Nach wie vor aber steht der Wein im Zentrum – nicht nur am Tresen, sondern auch im Lager, aus dem jährlich Hunderttausende Flaschen in alle Welt verkauft werden. Sammler können ihren Wein dort auch einlagern lassen – wie jener wohlhabende Weinliebhaber aus Hongkong, der ein verstecktes Kämmerchen gemietet hat und sich dort bei Besuchen an seinen Schätzen erfreut. Einige Weine sind aber auch mit großem Geldbeutel nicht zu erwerben, darunter die in der „Schatzkammer" gelagerten, besonders edlen Trockenbeerenauslesen. Diese sind zumeist dem Senat vorbehalten, der sie gern statt metallener als flüssige Orden an verdiente Bürger oder Staatsgäste verleiht.

Laut Anekdote Scherz eines Ratskeller-Restaurators: In ein Wandmuster im „Kaiserzimmer" malte er eine Fliege.

Durch den Apostelkeller führt der Weg zum Rose-Fass. So unscheinbar sein Anblick, so bedeutend der Inhalt: In diesem Behältnis lagert der älteste Wein Deutschlands.

Die begehrtesten Beine von Bremen

Die Bremer Stadtmusikanten

Die Plastik neben dem Eingang zur unteren Rathaushalle fällt kaum auf, und doch zieht sie Besucher in Scharen an. Mit dieser Pyramide aus Esel, Hund, Katze und Hahn, die in Bremen Musiker werden wollten, schuf der Bildhauer Gerhard Marcks das bekannteste Stadtmusikanten-Denkmal der Hansestadt. Längst hat Patina die Bronze überzogen. Nur die Beine des Esels glänzen noch wie am ersten Tag, weil kaum einer die Finger von ihnen lassen kann. Das soll je nach Variante kleine Wünsche erfüllen oder helfen, noch einmal nach Bremen zu kommen. Vorausgesetzt, man fängt's richtig an und umfasst beide Beine. Sonst heißt es: „Ein Esel sagt dem anderen guten Tag".

Die am 30. September 1953 an ihrem heutigen Standort aufgestellt Plastik von Gerhard Marcks machte die Stadtmusikanten zu den berühmtesten Bremern – in die USA wurden gar zwei Nachgusse der Bronzeplastik verkauft.

Der Brauch ist eine Erfindung von Touristen-Führern, seine Entstehung verliert sich im Dunkel der vergangenen Jahrzehnte. Sicher ist nur, dass der altersschwache Esel und seine Gefährten damals längst die bekanntesten Bremer geworden waren. Und das, obwohl sie im Grimmschen Märchen nie in Bremen anlangten, dabei wären sie hier vielleicht noch ganz groß herausgekommen... Jedenfalls leistete sich Bremen seit dem Mittelalter aus Prestigegründen fest angestellte Musiker. Vielseitigkeit und Ausdauer sollen für den Job mitunter mehr gezählt haben als Virtuosität, sodass die Märchen-Tiere auch mit Katzenmusik Chancen gehabt hätten.

So ist's recht: Wer Glück haben will, muss beide Beine des Esels umfassen

Der Dresdener Bil hauer Heinrich M ler wollte einen Brunnen schaffen, doch es blieb bei Entwurf: Die drehbare Skulptur von 1898 steht im Senatszimmer des Ratskellers.

Tatsächlich irrten sich die Gebrüder Grimm – seit 1991 weiß man, dass das tierische Quartett doch in Bremen ankam. Schließlich wurde im Sommer jenen Jahres in der Böttcherstraße ein Eselsknochen samt Beglaubigungsschreiben gefunden. Und wenn die Stadtmusikanten nicht in Bremen gestorben wären, wie hätte der Bildhauer Maurizio Cattelan in den 90er Jahren seine in der Kunsthalle präsentierten Skulpturen schaffen können, die alle vier Tiere skelettiert und ausgestopft zeigen?

Fröhliche Archäologie: 1991 wurde in der Böttcherstraße ein Eselsknochen „entdeckt".

Die fleißigsten Faulen Bremens

Die Sage von den sieben Brüdern

Es waren einmal, fanden jedenfalls die Nachbarn, sieben ausgesprochen faule Brüder. Weil sie das Wasser nicht von der Weser herauf schleppen wollten, bauten sie einen Brunnen. Auch für einen Spaziergang im Wald war ihnen der Weg zu weit, also pflanzten sie eine Allee vor ihre Häuser. Und weil sie zu faul waren, ständig ihre Schuhe vom Dreck zu reinigen, pflasterten sie den Weg.

Die Sieben Faulen" ist eine der beliebtesten Bremer Sagen – vielleicht, weil sich darin bremische Tatkraft zu spiegeln scheint. Deshalb wurden den aus Arbeitsscheu so überaus fleißigen Brüdern gleich drei Denkmale in der City gesetzt. Kein einziges davon steht aber in der Faulenstraße, die vom Zentrum in die alte Stephani-Vorstadt führt und von der die Sage handelt. Die im Zweiten Weltkrieg schwer zerstörte Straße hieß im Mittelalter „Vulvestrate". Vul bedeutete so viel wie „schmutzig, stinkend" – den Wandel zu moderneren Zeiten beschreibt die Sage.

Aufgeschrieben hat die Geschichte – wie „Bremen's Volkssagen" insgesamt – Friedrich Wagenfeld. Vielleicht geriet sie so ausführlich, weil er in der Faulenstraße geboren worden war. Oder erkannte er sich in der Sage wieder? Wagenfeld habe „in scheinbarer Untätigkeit mühelos allem Fleiß überlegene Leistungen" erzielt, hieß es in einem Nachruf, als er nach kurzem, unsteten Leben 1846 starb. Berühmt-berüchtigt war Wagenfeld bis dahin vor allem für die kunstvolle Fälschung einer phönizischen Chronik. So galten auch seine Sagen lange als erfunden. Philologen haben zu seiner Ehrenrettung zum Beispiel festgestellt: Wagenfeld schmückte die Überlieferung zwar aus – doch das gab er 1844, als die erste Sagen-Ausgabe erschien, im Vorwort auch zu.

Die sieben Faulen haben die Schöpfer der Böttcherstraße sehr beeindruckt. So wachen die von Alois Röhrs 1927 geschaffenen Skulpturen – hier fünf davon – über das gleichnamige Haus in der Böttcherstraße...

...und sie gaben dem Brunnen von Bernhard Hoetger im Handwerkerhof der Böttcherstraße den Namen.

Die Sieben-Faulen-Skulptur von Marie-Luise Wilckens (1968) am Siemens-Hochhaus, nahe dem Bahnhof: ein Symbol der Modernität.

Das längste begehbare Kunstwerk Deutschlands

Die Böttcherstraße

Da schaut sie nun tagein, tagaus aus ihrem gemauerten Fenster, zahnlos und hohläugig, das Kinn auf den gefalteten Händen gestützt, und es scheint, als beobachte sie das rege Treiben unten auf der Straße mit Unverständnis. Oder ist es Skepsis, die sie vielleicht dem Künstler entgegengebrachte, der sie porträtierte, 1924 in Worpswede? Eine 80-jährige einfache Frau aus dem Teufelsmoor als Teil eines Aufsehen erregenden Kunstprojektes? Warum nicht, der Bildhauer und Maler Bernhard Hoetger (1874–1949) lebte seit 1914 in Worpswede, seine Verehrung für die Malerin Paula Modersohn-Becker, mit der er bis zu deren Tod befreundet war, mag seinen Blick geschärft haben für das „Einfache".

Hoetger schuf die Bronzeplastik „Moorfrau" neben weiteren 23 Plastiken und Reliefs, für die Böttcherstraße. Hier fand von 1922 bis 1931 die – bislang in Deutschland einmalige – künstlerische Umgestaltung eines kompletten Straßenzuges statt. Zwischen Marktplatz und Martinistraße entstand aus einer verfallenen Gasse ein begehbares Gesamtkunstwerk von 110 Metern Länge – ein wohl in Deutschland einmaliges Ensemble expressionistischer und niederdeutscher Backsteinarchitektur.

Finanziert hatte dies der Bremer Kaffee-Kaufmann Ludwig Roselius (1874–1943), der mit der Erfindung des koffeinfreien Kaffees reich und berühmt geworden war – vor einem traurigen Hintergrund. Die Obduktion seines plötzlich verstorbenen Vaters ergab: „Vorzeitige Zerstörung des Gefäßsystems durch Coffein". Roselius beschäftigte sich fortan damit, wie dem Bohnenkaffee der ungesunde Stoff entzogen werden könnte. Aber Roselius war auch ein leidenschaftlicher Kunstsammler und Mäzen. Er verehrte Paula Modersohn-Becker – und schätzte Bernhard Hoetger, dem er den Auftrag erteilte, einige der von ihm seit 1902 nach und nach aufgekauften Häuser auf der linken Seite der Böttcherstraße zu gestalten. Die rechte Häuserzeile pachtete er von der Stadt und ließ sie von Alfred Runge und Eduard Scotland neu errichten. Sein Ziel: ein Denkmal niederdeutscher Kunst und Kultur als „lebendiges Zeichen des Wiederaufbauwillens" nach dem verlorenen Ersten Weltkrieg.

Die Fassade des Hauses „Atlantis", 1965 vom Düsseldorfer Bildhauer Ewald Mataré rekonstruiert. Dahinter spielte Theater-Geschichte: 1946 ging hier der Vorhang auf für das erste Bremer Theater nach dem Krieg – in den „Kammerspielen" gründete sich 1985 auch die Bremer Shakespeare Company.

Die Böttcherstraße

Doch die Böttcherstraße sollte noch einen weiteren Zweck erfüllen: Roselius wollte sie als PR-Straße für seine Kaffee-Handels-Aktiengesellschaft (Kaffee HAG) nutzen. Das Sieben-Faulen-Haus auf der rechten Seite der Straße wurde das HAG-Reklame-Haus. In einer Wohnung über den Verkaufsräumen wohnte Hoetger von 1929 bis 1931. Und damit waren sie wieder Nachbarn – der Künstler und die alte Frau aus dem Moor.

40 Zentimeter hoch und aus Bronze gegossen: die Moorfrau von Bernhard Hoetger am Paula-Modersohn-Becker-Haus. Wer durch das Museum hindurchgeht und auf die Terrasse tritt, kann die Figur von Nahem sehen.

Die Böttcherstraße vor dem Zweiten Weltkrieg. 1926 soll Ludwig Roselius über Hoetger gesagt haben: „Sein Werk wird stehen und lauter sprechen als alle Bauten Bremens." 1936 erklärte Hitler Hoetgers Bauten zu „Entarteter Kunst". Ironie des Schicksals: Die Böttcherstraße blieb als „abschreckendes Beispiel" erhalten.
Foto: Archiv Böttcherstraßen GmbH

Die Bremer spucken drauf

Die Serienmörderin Gesche Gottfried

Das Pflaster auf dem Domshof hat es in sich: Einen Stein zur Erinnerung an eine Mordserie gibt es wohl nur in der Hansestadt. Begonnen hatte die Serie 1813, als Gesche Gottfried ihrem reichen, trunksüchtigen Ehemann mit Arsen den Garaus machte. Bis 1828 tötete die gesellschaftlich durchaus Geachtete noch 14 Menschen – darunter ihre Kinder, Eltern und den Bruder – und servierte 15 anderen kleinere Dosen des Gifts, das damals leicht erhältlich war. Habsucht war ein Motiv gewesen, der Umgebung „Mäusebutter" zu geben. Sie selbst sprach nach ihrer Verhaftung im Alter von 43 Jahren zudem von einem Trieb: „Ich konnte mit Lust Böses thun." Ein psychiatrisches Gutachten, wie es ihr Verteidiger forderte, wäre vielleicht klärend gewesen – das Gericht lehnte ab.

Der „Spuckstein" erinnert an Gesche Gottfried, das Landes-Internet-Portal www.gesche.bremen.de nicht. Der berühmte Vorname wurde vielmehr gewählt, weil er in Bremen und der Region verbreitet ist.

Zwei Wochen nach Gesche Gottfrieds Enthauptung 1831 – der letzten öffentlichen Hinrichtung in Bremen – wurde dort, wo ihr Kopf aufs Pflaster geschlagen war, der Stein gesetzt. Bald begannen die Bremer, voll Abscheu darauf zu spucken. Hatte jener Unbekannte auf diese Sitte gehofft, der 1931 das in den Stein geritzte Kreuz zum Hakenkreuz veränderte? Jedenfalls missfiel die Aktion – für einige Jahre verschwand der „Spuckstein".

Heute ist er wieder eine Touristenattraktion, doch ein Geschäft war der Fall Gesche Gottfried schon zu ihren Lebzeiten. Im Gefängnis wurde die Mörderin porträtiert, ein Kaufmann wollte sie auf dem Freimarkt zeigen, nach der Hinrichtung wurde ihr Kopf ausgestellt. Ein Grab bekam sie nie – ihr offenbar zu Studienzwecken präpariertes Skelett soll im Zweiten Weltkrieg verbrannt sein.

Zeitgenössisches Porträt Gesche Gottfrieds. *Abb.: Bremer Landesmuseum für Kunst und Kulturgeschichte*

Vom Knast zum Design

Das frühere Ostertor-Gefängnis

)as verschiedentlich
·rweiterte Gefängnis
var oft überbelegt.
933 konnten regulär
78 Gefangene unter-
gebracht werden,
loch waren 228 in-
aftiert.

Wirkt der strahlend-weiße Bau des heutigen Wilhelm-Wagenfeld-Museums für Design am Ostertor nicht vornehm? Reine Fassade. Die klassizistisch-gediegene Architektur des frühen 19. Jahrhunderts war primär nicht Hülle für einen Musentempel. Sie sollte vielmehr verschleiern, dass hier ein Gefängnis entstanden war. Gleich neben der neuen Ostertor-Wache wohnten und flanierten schließlich die vornehmen Bremer in den neuen Wallanlagen.

Bis das Gefängnis eröffnet wurde, waren Übeltäter in den Türmen der Stadtmauer eingekerkert worden, obwohl das aufgeklärte Bürgertum über die unbeschreiblichen Haftbedingungen längst entsetzt war. Im neuen „Detentionshaus" fanden im April 1828 zunächst 20 Gefangene Platz. Nur einen Monat später unter ihnen: Gesche Gottfried. Wo ihre Zelle lag, ist unbekannt – dass der Raum, in dem die Giftmischerin auf ihr Urteil wartete, heute als Tee-Küche diene, ist eine Anekdote.

Die Zellen in dem Neubau waren für jene Zeit modern: relativ hell und mit Nachtstuhl und Waschgelegenheit ausgestattet. Ein Bremer Arzt lobte darum 1836, der Bau liefere den „schönsten Beweis für die Humanität Bremens". Davon konnte schon bald und besonders im 20. Jahrhundert keine Rede mehr sein. Im Nationalsozialismus schloss die Gestapo in dem völlig überbelegten Gebäude Hunderte Verfolgter weg. Noch bis 1996 blieb die Ostertor-Wache Gefängnis. Zuletzt wurden hier Abschiebehäftlinge untergebracht, bis einer von ihnen Feuer in seiner Zelle legte, wobei das Obergeschoss zum Großteil ausbrannte. Daraufhin nahm ein lang gehegter Plan Gestalt an: Die Wache wurde zum Museum umgebaut.

Die klassizistische Architektur lässt auch die heutige Bestimmung des Baus als Design-Museum nicht ahnen.

Über dem Eingang der Ostertor-Wache droht ein Medusenhaupt. Es steht für Abschreckung und Vergeltung.

Zeichen im Keller

Die Mumien von Bremen

Wer Leichen im Keller hat, will dies gemeinhin verheimlichen. Nicht so die Dom-Gemeinde. Schließlich sollen die acht Mumien im „Bleikeller" Besucher anlocken. Die Einnahmen, über deren Höhe die Gemeinde schweigt, fließen in Restaurierungsarbeiten am Dom und in die Gemeindearbeit.

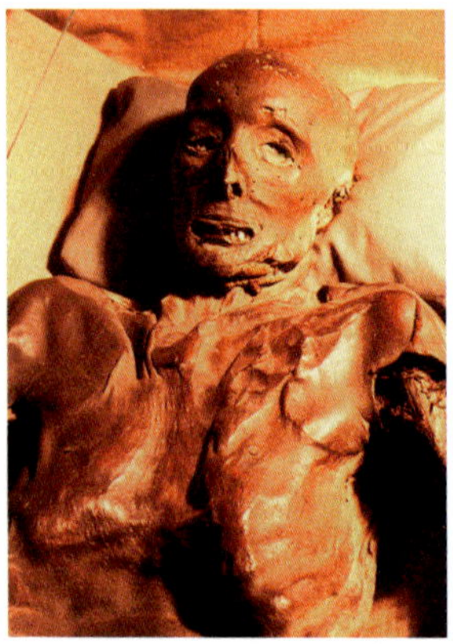

Der „Student" soll seit Mitte der 17. Jahrhunderts im Bleikeller liegen. Laut Legende starb er im Duell. *Foto: Wilhelm Tacke*

Seit Jahrhunderten sind die Mumien eine Attraktion, und das nicht nur für Freunde der Gänsehaut. Um 1695 entdeckten Arbeiter in der Ostkrypta des Doms einige Särge und öffneten sie aus Neugier. Ein Sensationsfund für eine Zeit, in der die Naturwissenschaft noch in den Kinderschuhen steckte. Zunächst organisierte der Domzimmermann Führungen, ab 1709 der geschäftstüchtige Küster. Seither rätselten die Besucher: Warum überdauerten die Toten? Waren es „nitrosische Dünste", war es das Blei, das zur Dom-Eindeckung in der Krypta gelagert wurde, oder gar radioaktive Strahlung?

Zwar ließ sich das Phänomen früher nicht erklären, doch vollzogen Wissbegierige es mit toten Tieren nach. Als menschliches Versuchskaninchen wurde 1788 der Tagelöhner Conrad Ehlers im Bleikeller bestattet, nachdem ihm die letzten Lebensjahre mit freier Kost und Logis versüßt worden waren. Das Testergebnis befriedigte, doch blieb es unverändert rätselhaft.

Nicht nur für Spekulationen waren die Katakomben lange Zeit gut, sondern auch für Souvenirs. 1803 fand ein Sohn Goethes einen mumifizierten Finger unterm Weihnachtsbaum, den ein Verehrer seines Vaters im Bleikeller entwendet hatte. Solche Diebstähle machen erst seit 1965 gläserne Sargdeckel unmöglich. Übrigens: Heute gilt als sicher, dass ausschließlich die trockene Raumluft für die Mumifizierung verantwortlich war.

Im Original-Bleikeller – hier eine Aufnahme um 1928 – hingen tote Hühner von der Decke, an denen die Mumifizierung erprobt worden war.

Acht Kinder und ein Mord

Das Bremer Landgericht

Acht kleine Kinder und ein Mord: Diese Geschichte erzählt man sich am Bremer Landgericht. Die Reliefs über dem Haupteingang an der Domsheide beschreiben einen mörderischen Streit, bei dem schließlich eins der lieben Kleinen ein anderes meuchelt. Das darf nicht ungesühnt bleiben, weshalb in der anschließenden Gerichtsverhandlung – im vierten Bild – der Stab über den Bösewicht gebrochen wird. Dann, im fünften Relief, nehmen die Dinge doch noch eine günstige Wendung: Ein Figürchen eilt mit einem Gnadenerweis herbei.

Die Putten über dem Haupteingang des Bremer Landgericht hatten einen mörderischen Streit. Hier wird der Übeltäter abgeführt.

Das Landgericht stammt aus den letzten Jahren des 19. Jahrhunderts, die putzigen Putten sind sein einziger verspielter Zug. Der Bau ähnelt einer Burg, demonstriert Schutz, Sicherheit, Strenge, aber auch Gerechtigkeit und den Wunsch nach Abschreckung. Davon zeugen auch die vielfältigen Darstellungen von Symbolen der Rechtsprechung, von Tugenden sowie von Sünden und Lastern dargestellt, die vor den Richter führen.

Über dem Haupteingang ist mit den Zehn Geboten auch das ethische Gerüst aller Rechtsprechung im christlichen Abendland abgebildet. Jedenfalls heute wieder. Den Nationalsozialisten waren die Gebotstafeln hingegen ein Dorn im Auge, weshalb sie die Inschriften 1936 beseitigt wissen wollten.

Dem damit beauftragten Steinmetzen war das einem Nachkriegsbericht zufolge zwar nicht recht, doch sagte er nur: „Ja, dann schall dat wol so sien!" Als die Bremer nach 1945 ihre Gebotstafeln wiedersehen wollten, erklomm der Steinmetz das Gerüst erneut. Nicht aber, um neue Tafeln anzubringen. Er schraubte kurzerhand die dünnen Steinplatten wieder ab, die er sieben Jahre zuvor vor die Tafeln gesetzt hatte, um sie den Blicken zu entziehen.

Das Landgericht – eine Trutzburg des Rechts. Errichtet wurde sie ab 1892.

Ein Gartendenkmal auf historischem Grund

Die Wallanlagen

Am rechten Weser-Ufer, gleich hinter der Kunsthalle, beginnen Bremens älteste öffentliche Grünanlagen: die Wallanlagen. Wie ein weich fließendes grünes Band schmiegt sich der Park in einem sechs Kilometer langen Halbkreis um die Bremer Innenstadt. Bis 1802 befanden sich hier die Verteidigungswälle zum Schutz der Altstadt. Militärisch veraltet und unbrauchbar geworden, von Bürgern für Kohlgärten, Viehweiden und Abfallplätze missbraucht, beschloss der Bremer Senat, die Bastionen zu entfernen und auf der frei gewordenen Fläche „eine Anlage für öffentliche Spaziergänge" zu gestalten. Womit erstmals in Deutschland ein Parlament Festungsanlagen zu einem öffentlichen Gartenkunstwerk umwandelte.

Das wohl auffälligste Bauwerk in den Wallanlagen: die fünfgeschossige, rund 27 Meter hohe Wall-Mühle. Sie ist die letzte von ehemals 15 Mühlen auf den Wallanlagen.

Bis 1811 entstand hier ein Landschaftsgarten nach englischem Vorbild. Obwohl nur 200 Meter breit, entsteht der Eindruck eines großzügigen Parks. Rasenflächen und die terrassenartig angelegte Wegeführung vermitteln optische Weite trotz räumlicher Enge. Tiefe Blickachsen öffnen die Sicht aufs Wasser und auf das gegenüberliegende Ufer, die Contrescarpe, wo sich Kaufmannsfamilien große Stadthäuser bauen ließen. Auch Magda Melchers lebte hier mit ihrer Familie, bis sie 1896 Gustav Pauli, den ersten Direktor der Bremer Kunsthalle, heiratete und unter dem Pseudonym Marga Berck die Briefsammlung „Sommer in Lesmona" verfasste.

Mit dem Denkmal für den Bremer Arzt und Astronomen Wilhelm Olbers (1758–1840) würdigte Bremen 1850 in den Wallanlagen zum ersten Mal öffentlich das Lebenswerk eines Bremer Bürgers. Olbers hatte in seiner zu Hause eingerichteten Sternwarte u.a. die Planeten Ceres, Pallas und Vesta entdeckt.

Die Wallanlagen si seit 200 Jahren nahe unverändert und s 1977 nationales Den mal der Gartenba kun

Im Focke-Garten an der Weser enden die Wallanlagen. Wo von 1702 bis 1944 ein barockes Bauwerk stand, in dem ein Armenhaus, ein Altenheim und zuletzt das Focke-Museum untergebracht waren, befindet sich seit den 50er Jahren ein Garten. Darin steht eine der mehr als 130 Sonnenuhren in Bremen, dem Bundesland und der Großstadt mit der angeblich größten Sonnenuhrendichte Deutschlands.

Der denkmalgeschützte Tante-Emma-Laden

Nur wenige Minuten sind es vom Marktplatz aus bis ins „Viertel", wie Bremer die Östliche Vorstadt liebevoll nennen. Vorbei an der Kunsthalle und den beiden ehemaligen Torwachen führt der Weg direkt ins Herz des Viertels – zum Ostertorsteinweg. Cafés, Geschäfte und Boutiquen in zartrosafarbenen, sonnengelben und lindgrünen Jugendstilhäusern säumen Bremens heimliche Hauptstraße. Mittendrin wohl einer der schönsten Lebensmittelläden Deutschlands und der älteste original erhaltene in Bremen: „Wilhelm Holtorf Colonialwaren von 1874".

Im nur anderthalb Zimmer breiten Haus Nr. 6 befindet sich ein innenarchitektonisches Jugendstil-Juwel. Seit 1903, als der Bremer Architekt Albert Dunkel (1856–1905) das Haus nach der damals neuesten Mode umbaute, hat sich kaum etwas an der Luxusausstattung verändert. Noch immer wechseln ausgesuchte Waren über den sechs Meter langen Eichenholz-Tresen ihren Besitzer, Jugendstilglas ziert die fünf Meter hohen Eichenholz-Regale, und „Mettlacher Blumenkacheln" schmücken den Fußboden. Auch im Kontor feinster Jugendstil: Am Rollenschreibtisch und Stehpult seines Großvaters führt heute Günther Schwiering Buch.

Seit 1973 steht der Laden unter Denkmalschutz. 1974 wurde er in einer Aktion von Radio Luxemburg, Bild-Zeitung und Einzelhandelsverband zu „Deutschlands schönstem Tante-Emma-Laden gekürt", Schlagersänger Udo Jürgens komponierte darauf seinen Hit „Tante Emma".

Nur das Warenangebot hat sich geändert. Heute kommen Kunden von nebenan und sogar aus anderen Städten in Bremens einzigen denkmalgeschützten Kramerladen wegen der „unverfälschten" Lebensmittel: Unbehandelte Trockenfrüchte und Nüsse, Hülsenfrüchte, Getreide und Gewürze lagern lose in 169 eichenen Schüben, Sauerkraut gibt es aus dem Fass, und die Kräuterlutschstange „Bremer Babbeler", die seit 1920 in einer kleinen Bremer Zuckerwarenfabrik hergestellt wird, steht im Bonbonglas auf dem Verkaufstresen. Es heißt, Heimwehgeplagte lassen sich die Süßigkeit sogar bis nach Kalifornien nachschicken.

Im Handelsregister ist der Laden noch immer als Kolonialwarenladen eingetragen. Diese Preisliste zeugt davon, was bis zum Ersten Weltkrieg hier verkauft wurde. Die alten Schränke bergen manche Rarität, wie den Likör aus dem damals deutschen Posen. Und im Keller lagern alte Weine: 1911er Bordeaux Chateau Carrien und California Cabernet von 1914.

Frucht-Marmelade in Eimern.
Qualität extrafein.

Zwetschen		Eimer M	2.75
Erdbeer		„ „	3.75
Johannisbeer		„ „	3.25
Orangen		„ „	2.75
Himbeer		„ „	3.50

Fisch-Konserven.

Sardines à l'huile, Marke Prinzess		Dose M	–.45
„ Pellièr Frères	1/4	„ „	–.80
	1/2	„ „	1.40
Sardinen in Tomaten		„ „	–.80
Appetit Sild, echte Christiania	1/2	„ „	–.40
	1/1	„ „	–.60
Sardellen, feine alte Qualität, 1 Pfd.-Glas		„	1.–
Bismarckheringe		Dose „	–.60
Delikatessheringe ohne Gräten in Tomaten-Sauce / „ Wein-Sauce / „ Mixed Pickles-Sauce	1/2	„ „	–.75
	1/1	„ „	1.40
Kronen-Hummer		„ „	2.–
Lachs		„ „	1.30
do. geräuchert in Scheiben		„ „	1.25
Krebsschwänze	1/2	Glas „	–.75
	1/1	„ „	1.20
Krebsbutter		Dose „	–.75
		„ „	1.20
Sardellenbutter		„	–.75
Anchovisbutter		„	–.60
Krebsnasen zum füllen		Dtzd. „	–.10

9

Hier ist alles Silber, was glänzt

Zwei der bekanntesten Silbermanufakturen Deutschlands

Vor dem Ersten Weltkrieg gab es drei Manufakturen in Deutschland, die Tafelsilber auf höchstem handwerklichen Niveau fertigten – zwei davon waren traditionelle Bremer Firmen: Koch & Bergfeld und Wilkens & Söhne. Beide Firmen zählen heute zu den ältesten noch produzierenden Silbermanufakturen Deutschlands, die aus einem kleinen Handwerksbetrieb hervorgegangen sind.

Bei Koch & Bergfeld ist man der Firmentradition treu geblieben, Massenware ist tabu. Seit 1829 werden kleine Auflagen und Einzelstücke feiner Bestecke und Tischaccessoires, so genannte Korpusware, hergestellt. Noch heute wird nach alten Entwürfen gearbeitet, festgehalten in 246 in Leder gebundenen Arbeitsbüchern – kulturgeschichtliche Zeugnisse von hohem Wert. Darin finden sich Zeichnungen und Skizzen von bekannten Künstlern wie Heinrich Vogeler, Henry van de Velde und Bernhard Hoetger.

1874 zogen Koch & Bergfeld an den Kirchweg 200 in der Bremer Neustadt. Hinter der denkmalgeschützten Gründerzeitfassade von 1885 arbeiten heute die Besteckmanufaktur Koch & Bergfeld und die Kieler Silberschmiedewerkstatt Hansen.
Fotos (2): Koch & Bergfeld

Auch Wilhelm Wagenfeld (1900–1990), einer der bedeutendsten Pioniere industrieller Produktgestaltung, wird den einen oder anderen Entwurf hinterlassen haben. Von 1914 bis 1918 machte er im Zeichenbüro der Silberwarenfabrik eine Lehre. 1974 sagte er rückblickend darüber: „In der Fabrik hatte ich viel Freiheit – durfte meinem Vorschlag entsprechend erstmals dort genaue Werkzeichnung machen." Die Arbeitsbücher ebenso wie die über 3000 Gussmodelle, Prägestempel und Prägewerkzeuge sind der Schatz der Besteckmanufaktur und Silberschmiede. Er ist die Basis für die heutige Produktion: überlieferte Handwerkskunst – in Handarbeit gefertigt, maschinell unterstützt.

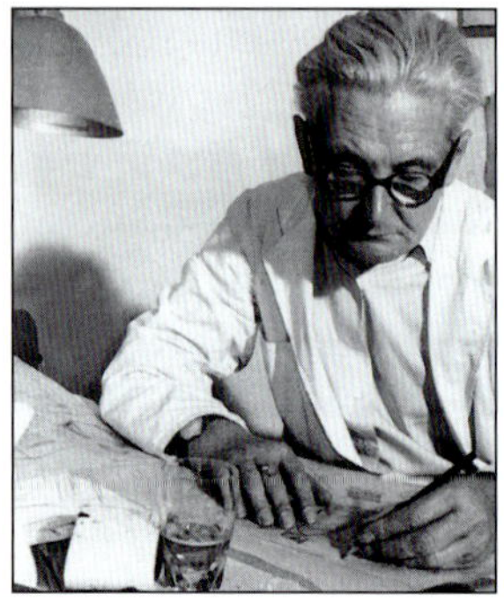

Viele von Wagenfelds Entwürfen sind heute Klassiker, so die Bauha Leuchte WG 24 und di Salz- und Pfefferstreue „Max" und „Moritz". S sind im Wilhelm-Wage feld-Haus ausgestellt, d alten Ostertorwache.
Foto: Wilhelm-Wagenfeld-Stiftung

Neben Tafelsilber für die deutschen Botscha ter in Bahrain und Senegal und der Goldenen Kamera entstand in der Traditionswerkstatt Koch & Bergfeld auch der UEFA-Pokal

Zwei der bekanntesten Silbermanufakturen Deutschlands

In der Silbermanufaktur M.H. Wilkens & Söhne setzte man schon früh auf Expansion durch serielle Fertigung. Die 1810 von Martin Heinrich Wilkens gegründete Werkstatt ist Deutschlands älteste Silberschmiede mit industrieller Produktion. Ende des 19. Jahrhunderts gehörten der deutsche Kaiserhof und der russische Zarenhof zu den Auftraggebern. In vielen deutschen Städten findet man heute noch Ratssilber aus der Werkstatt Wilkens, auch in Bremen natürlich, wo damit die Schaffermahlzeit, das älteste Brudermahl der Welt, ausgerichtet wird. Heute gehört Wilkens zu den führenden Besteckherstellern Deutschlands.

Viele der noch heute von Wilkens produzierten Bestecke tragen von Heinrich Vogeler entworfene Muster, wie zum Beispiel „Tulipan". *Fotos (2): Wilkens*

Zwei Traditionsunternehmen, die verschiedene Wege gegangen sind und doch Berührungspunkte haben: Ein reicher Fundus an Produkten aus beiden Schmieden ist im Bremer Landesmuseum, dem Focke-Museum, ausgestellt.

Seit 1859 produziert Wilkens Bestecke im Stadtteil Hemelingen an der Straße „Silberpräge". Auch die Wilkens-Villa (1859) steht noch neben der Fabrik. Jetzt befindet sich darin ein Restaurant.

Kaffee spezial

Bremens letzte traditionelle Familienrösterei

Kaffee aus Bremen" hat Tradition. Jacobs, Eduscho, Melitta, Kaffee HAG – wer kennt sie nicht? In weniger großem Stil wurde bereits seit Ende des 19. Jahrhunderts in Bremen Kaffee verarbeitet. Lebensmittelhändler rösteten kleine Partien für wohlhabende Kunden oder ließen rösten. So auch Johann Jacobs, Firmengründer von „Jacobs Kaffee". Als er 1895 am Domshof sein „Specialgeschäft in Caffee und Thee" eröffnete, gab es gerade mal 14 Röstereien in Bremen. Ab 1906 spezialisierte Jacobs sich selbst auf Röstung – wie andere auch. 1938 rösteten schon 44 Firmen, 1961 waren es 120 – heute sind es nur noch sechs.

1935 machte sich August Münchhausen mit einem Versandgeschäft auf dem Teerhof selbstständig, ab 1938 röstete er selbst im neuen Haus in der Straße Geeren Nr. 24.

Eine davon ist die Kaffeerösterei August Münchhausen, Bremens letzte traditionelle Familienrösterei. Versteckt hinter der schweren Holztür des schlichten Hauses Nummer 24 der Straße Geeren im Faulenquartier befindet sich ein Kleinod Bremer Kaffeegeschichte. Eine Holzstiege führt hinauf zum Ladengeschäft, darin: betörender Kaffeeduft und die Originalausstattung aus den 50er Jahren des vorigen Jahrhunderts. Seit dem Wiederaufbau des Hauses nach dem Zweiten Weltkrieg scheint in der Rösterei die Zeit stehen geblieben zu sein.

Der Verkaufstresen, die Kaffeedosen und Sammeltassen im Regal, die Vitrine mit den Kaffeemühlen, die Werbeplakate an den Wänden und die Einrichtung im Kontor – alles original. Wie auch die „Kleinkantine Piccolo", ein Automat für frisch gemahlenen Kaffee, den Firmengründer August Münchhausen (1910–2003) entwickeln ließ und bis Anfang der 60er Jahre in Bremer Kantinen aufstellte.

Geröstet wird bei Münchhausens wie ehedem, in einer Röstmaschine, die August Münchhausen 1958 auf der Hannover-Messe kaufte. Wie schon ihr Vater veredelt die jetzige Besitzerin, Ilse Münchhausen-Prüsse, darin feinste Bohnen zum erle-

Ilse Münchhausen-Prüsse möchte aus dem Traditionsunternehmen eine „gläserne Rösterei" machen.

senen „Münchhausen-Festtagskaffee": eine vollmundige Hausmischung aus Columbia, Kenia, Costa Rica und äthiopischem Mokka. Nur noch knapp 100 Kilo im Monat werden geröstet, zu Spitzenzeiten in den 60er Jahren waren es 700 täglich. Heute wird dafür zweimal mehr Kaffee über den Ladentisch verkauft als verschickt – nämlich immer montags bis freitags von 10 bis 12.30 Uhr.

Auch Bremer Kaffee-Geschichte: Das erste Kaffeehaus Deutschlands wurde 1673 vom Niederländer van Huesden eröffnet. Ob es sich im Schütting, dem ehemaligen Gilde- und Kosthaus der Bremer Kaufleute und heutigen Sitz der Handelskammer, befand, ist ungeklärt. Sicher ist: Im Keller lag ein vom Marktplatz aus zugängliches Kaffeezimmer. 1995 wurde es wieder hergerichtet.

Vom Bauernsohn aus Bremen-Borgfeld zu einem der größten Kaffeeröster Europas: Johann Jacobs (1869-1958) legte den Grundstein, der Durchbruch gelang unter anderem mit der Einführung der Vakuumverpackung.
Foto: Kraft Foods

Eine maritime Weltsensation

Die Bremer und die Hanse

Zugegeben – die echte Bremer Kogge steht heute im Bremerhavener Schifffahrtsmuseum. Am Bremer Weserufer hingegen liegt „nur“ ein Koggennachbau aus dem Jahr 2000, der „Roland von Bremen“ heißt und zu Ausflugfahrten lädt.

Bremen maritim: Der Hafen im Stadtteil Vegesack. *Foto: Heinrich-Peter Berndt*

Das Holzschiff markiert die Stelle, an der 1574 die erste Hafenbefestigung aus eingeschlagenen Pfählen entstand, die man „slait“ nannte. Dieser spätere zentrale Hafen heißt deshalb bis heute „Schlachte“ und ist inzwischen zu einer Flaniermeile mit Kogge und anderen Seglern ausgebaut worden.

Die echte Kogge ist wahrscheinlich 1380 gesunken und lag bis 1962 im Weserschlick. Als sie gefunden wurde, galt sie als Weltsensation. Jahrzehntelang wurde das Schiff mit speziellen Methoden konserviert und ist seit dem Jahr 2000 zu besichtigen.

Zwischen dem 12. und 14. Jahrhundert schaukelten diese markanten Schiffe mit vollen Bäuchen und neun bis 14 Stundenkilometern (fünf bis acht Knoten) schnell über Nord- und Ostsee und mehrten auch Bremens Reichtum.

Doch als im 17. Jahrhundert die Weser immer häufiger versandete oder zugefroren war, sodass die Schiffe nicht mehr zur „slait“ gelangten, mussten die Kaufleute handeln. Sie errichteten den ersten künstlich angelegte Hafen Deutschlands, und zwar in Vegesack, ein Stück weserabwärts. 1619 war er fertiggestellt und gewann schnell an Bedeutung. Er wurde zur Heimat der Bremer Walfangflotte nach Grönland und zur Wiege des ersten deutschen Dampfschiffs, das hier 1816 vom Stapel lief. Nach Schifffahrtskrise und Werftenpleite verströmt der Vegesacker Hafen heute wieder maritimes Flair.

Auf der Kneipen-Meile Schlachte, dem früheren Hafen der Hanse-Koggen, feiert heute die Stadt am Fluss sich selbst. *Foto: Frank Pusch*

Von der alten Pracht der Hanse ist in ganz Bremen allerdings nicht viel geblieben. 1629 scheiterten die letzten Bemühungen, den Handelsbund wiederzubeleben. Nur drei Städte – Lübeck, Hamburg und Bremen – standen noch in einem wenig wirksamen Bund zusammen. Wie zum Trotz nennen sich die drei seit jener Zeit „Hansestadt“.

Echte Koggen waren schwer lenkba der Bremer Nachbau wird heute pe Motor die Weser auf- und abgeschippert.

Die Shakespeare-Company

Da staunten britische Shakespeare-Puristen nicht schlecht. Ausgerechnet die deutsche „Shakespeare-Company", die Schauspiel-Truppe aus Bremen, hatte 1993 in London die Ehre, das noch nicht ganz fertige, neue „Globe Theatre" einzuweihen, den Nachbarn der echten Bühne Shakespeares. Darüber hinaus spielten sie auch noch in deutscher Sprache. Dass die Briten „Die lustigen Weiber von Windsor" auch ohne Deutschkenntnisse verstanden, lag gewiss an der außerordentlich saloppen Art, wie die Company den Dichter gerne interpretiert. Von einer englischen Theater-Gruppe gespielt, wäre eine solche Aufführung vermutlich als Majestätsbeleidigung aufgefasst worden.

Denn für Engländer sei Shakespeare ein Gott, sagt Peter Lüchinger, Regisseur und Schauspieler der „bremer shakespeare-company" (bsc). Aber der Initiator des Nachbaus, Sam Wanamaker, wollte keine Gedenkstätte, sondern ein Theater. Da kam die Bremer Truppe gerade recht. Zwar ist wenig bekannt über den Dichter aller Dichter, sagt Lüchinger, aber so viel scheint klar: Shakespeare hat direkt für seine Theater-Truppe geschrieben „nicht für Bücherschränke", erklärt Lüchinger.

„Othello" à la Shakespeare-Company.

Als die Bremer Company 1984 an den Start ging, war ihre Art, Theater zu spielen, ein Novum in Deutschland. Gespielt wurde ohne Intendant, die künstlerischen Entscheidungen lagen und liegen bis heute in den Händen der Schauspieler. Das merkt man den Inszenierungen an. „Circensisch", nennt Lüchinger die Spielweise der Bremer, „mit zaubrischem Spiel überzeugen und aufs Publikum zugehen".

In Bremen steht dafür allerdings kein Theaterbau wie das „Globe" bereit, sondern eine umgebaute Aula in der Schule am Leibnizplatz. „Das ist ein Provisorium", sagt Lüchinger, „und es bleibt ein Provisorium." Dem Erfolg der Truppe tut das keinen Abbruch.

„Lass mich den Löwen auch spielen!" Die Shakespeare-Company zeigt den Sommernachtstraum.
Fotos (2): Marianne Menke

Streit um ein Mohnfeld

Die Kunsthalle

Bremens erhöhte Bildung hat es in's Dasein gerufen" – mit derart heute übertrieben anmutendem Pathos wurde die Kunsthalle der Stadt in einer „Mittheilung an die Mitglieder" des Bremer Kunstvereins gefeiert, als der Bau 1849 fertig gestellt wurde. Zur Eröffnung hatten vermögende Bremer den Grundstock der Sammlung gestiftet: „Christus und die Ehebrecherin" von Luca Giordano zum Beispiel, ein großes Gemälde, oder 47 Aquarelle und Zeichnungen Dürers, dazu eine fast vollständige Sammlung seines druckgraphischen Werkes, vom Bremer Senator Hieronymus Klugkist. Viele dieser Schätze gingen als „Beutekunst" im Zweiten Weltkrieg verloren und sind vor wenigen Jahren zusammen mit Bremer Blättern von Rembrandt, Goya oder Rodin aus dem Besitz der Kunsthalle nach dem Zusammenbruch der Sowjetunion in Moskau aufgetaucht.

Den Bremern stets erhalten blieb aber ein Werk, das 1911 zum Streit in der Kunstwelt ganz Deutschlands führte: das „Mohnfeld" von Vincent van Gogh. Der erste wissenschaftliche Leiter der Kunsthalle, Gustav Pauli, hatte im Zuge seiner Ankaufspolitik auch das Werk des heute berühmten Künstlers erstanden. Die Altmeister erschienen zu teuer, und das „Mohnfeld" hatte nur 30 000 Mark gekostet. Zuvor hatte Pauli schon das Genie von Paula Modersohn-Becker erkannt, einer Malerin aus der nahe gelegenen Künstlerkolonie in Worpswede, und ihr eine Ausstellung gewidmet. Doch erst der Ankauf des französischen Werkes rief den konservativen Künstler Carl Vinnen aus Worpswede auf den Plan. Der zunächst private

Die Bremer Kunsthalle, gegründet vom Kunstverein der Stadt.

Die Kunsthalle

Streit mit Pauli gewann deutschlandweit Bedeutung, nachdem Vinnen in der Broschüre „Ein Protest deutscher Künstler" das „Mohnfeld" als „flüchtige Studie" mit Mangel an „Zeichnung, Farbe und Stimmung" beschrieben hatte. Es lasse vergessen, dass „ein Volk nur durch Künstler seines Fleisches und Blutes" zur Höhe gebracht werden könne. Im Sommer 1911 antworteten liberaler gesinnte Künstler und Galeristen mit einer Gegenschrift: „Im Kampf um die Kunst. Die Antwort auf den ‚Protest Deutscher Künstler'". Darin verteidigten sie die Bedeutung der französischen Malerei.

Keine Angst vor neuer Kunst: Eingang zu Bremens „Weserburg" (hier mit Ausstellungsankündigung), einem der größten deutschen Museen für zeitgenössische Kunst.

Werbeaktion für die Ausstellung „Das Mohnfeld".
Foto: Text + PR

Im Jahr 2003 machte das Mohnfeld die vorerst letzten Schlagzeilen. Die Kunsthalle dokumentierte den Streit mit 40 Bildern, die die verschiedenen Positionen deutlich machten. Die Ausstellung war der bis dahin größte Publikumserfolg der Bremer Kunsthalle.

Heute sind die Bremer mit moderner Kunst weniger zurückhaltend. Mit der „Weserburg" steht in Bremen eines der größten deutschen Museen für internationale, zeitgenössische Kunst: 6000 Quadratmeter in vier ehemaligen Kaffee-Speichern.

Bremens beispielhafter Bürgersinn

Deutschlands einziger privat unterhaltener Stadtpark

Er ist ohne Gleichen – der Bürgerpark, der hinter der Stadthalle beginnt und im Norden an den Stadtwald grenzt. Zusammen 202 Hektar

Von 1866 bis 1884 erschuf der Mecklenburger Landschaftsgärtner Wilhelm Benque (1814–1895) das Gartenkunstwerk von nationaler Bedeutung: Eine Licht-und-Schatten-Landschaft mit kulissenhaften Durchsichten – wie hier auf die Melchersbrücke und die Meierei. Seit 1984 steht der Park unter Denkmalschutz.

groß, bilden Bürgerpark und Stadtwald Bremens größte innerstädtische Grünfläche, aber vor allem ist der Bürgerpark Deutschlands einzige öffentliche Parkanlage, die auf private Initiative hin geplant wurde und bis heute privat unterhalten wird.

Bremer Bürger legten 1865 den „Grundstein" für ein „städtisches Gehölz, zu dem der Arme so gut wandert wie der Reiche". Die Stadt stimmte zu und gab den hinteren Teil der baumlosen, sumpfigen Bürgerweide zur „Kultivierung" frei. Eine Neuheit – gab es doch zu der Zeit in Deutschland nur Parkanlagen, die aus Fürsten- und Schlossgärten hervorgegangen waren. Auf derartig Feudales konnte das bürgerliche Bremen nicht zurückgreifen, dafür aber auf den ausgeprägten liberalen Bürgersinn seiner Bewohner. Vor dem ersten Spatenstich sammelten die Mitglieder des „Comités zur Bewaldung der Bürgerweide", des späteren Bürgerpark-Vereins, 14 500 Goldtaler. Bis heute ist der Verein, Bremens wohl älteste noch aktive „Bürgerinitiative", zuständig für die Pflege und den Unterhalt des Parks und mit rund 2500 Mitgliedern die größte Vereinigung in Norddeutschland, die sich um die Erhaltung eines Parks kümmert.

Ihn mit kleinen und großen Zuwendungen zu unterstützen, gilt unter Bremern als Selbstverständlichkeit. Nicht nur Geld, auch Bäume werden gespendet und mittlerweile allein rund 200 Bänke. Sie tragen die Namen ihrer Stifter ebenso wie viele der 50 Bauwerke im Bürgerpark und Stadtwald: Melchers-Brücke,

Franz Schütte (1836–1911), reich geworden u.a. durch den Zusammenschluss mit Rockefellers Standard Oil Company zur Deutsch-Amerikanischen Petroleum-Gesellschaft, gilt als größter Einzelstifter des Parks.

Deutschlands einziger privat unterhaltener Stadtpark

Niemitz-Brunnen, Gerdes-Pavillon, Wätjen-Haus, Marcus-Brunnen, Hachez-Brücke, Dyckhoff-Pavillon...

Die wichtigste Finanzquelle zur Deckung der jährlich über zwei Millionen Euro verschlingenden Pflege aber ist die Bürgerpark-Tombola. Seit 1953 werden an zentralen Plätzen der Stadt zwischen Februar und Mai Lose verkauft – die Gewinne stiften Bremer Unternehmen. Die Tombola gilt als umsatzstärkste Verlosaktion dieser Art in Deutschland. Den Gewinn teilt der Bürgerpark-Verein mit anderen Vereinen – zum Beispiel mit dem Förderverein Knoops Park. 1989 entstand in Knoops Park auf Privatinitiative Deutschlands erster Duft- und Tastgarten für Blinde mit 600 verschiedenen Pflanzen. Und seit 1995 ist der Park alljährlich Schauplatz eines Freiluft-Vergnügens mit der Deutschen Kammerphilharmonie Bremen: „Sommer in Lesmona", betitelt nach dem gleichnamigen Buch von Magda Melchers, die bei ihrem Onkel in der Villa Lesmona am Westrand von Knoops Park viele Sommer verbrachte und hier ihre erste große Liebe fand.

Der Bremer Industrielle Ludwig Knoop war zeitweilig einer der reichsten Männer der Welt. Er hatte die russische Textilwirtschaft aufgebaut, dafür verlieh ihm 1877 der Zar den erblichen Barontitel. 1859 kaufte Knoop das Landgut Mühlental auf dem hohen Lesum-Ufer im Stadtteil St. Magnus, Wilhelm Benque gestaltete auch diesen Park.
Seit 1984 wacht der bronzene Ludwig Knoop über 70 Hektar Parkfläche und rund sieben Kilometer Spazierwege.

Berauschende Farben

Der einzigartige Rhododendronpark

Bremen im Mai: ein Farbenrausch. Große Grünanlagen, aber auch viele Vorgärten erfüllt dann die Rhododendronblüte. Die vor allem in China und Nepal heimischen Pflanzen fühlen sich in Bremen aus einem Grund besonders wohl, der Einheimische oft stört: Es regnet selbst im Hochsommer meist reichlich.

Rund 3000 Rhododendron- und Azaleen-Arten und -Sorten sind im Park zu sehen – eine Vielfalt, die den Park einzigartig in Europa macht.

Bremen und die Rhododendren sind für Blumenfreunde Synonyme – kein Zufall also, dass in der Hansestadt 1935 die Deutsche Rhododendron-Gesellschaft und bald danach der Rhodendronpark gegründet wurden. Doch auch in der Umgebung gedeihen die Sträucher prächtig. Der Oldenburger Raum ist das deutsche Zentrum des Rhododendron-Anbaus. Seine Baumschulen gehören bis heute zu den bevorzugten Lieferanten für Neuanpflanzungen – für Hobbygärtner wie für den Bremer Rhododendronpark im Stadtteil Horn.

Nirgendwo sonst finden Fans so viele verschiedene Rhododendren und die zur selben Familie gehörenden Azaleen wie hier. Rund 1000 Arten gibt es nach herkömmlicher Systematik weltweit, rund 650 Arten werden in Bremen gezeigt plus 1300 Rhododendron- und 900 Azaleen-Züchtungen – eine Vielfalt, die den Park einzigartig in Europa macht. Auch Raritäten sind hier zu entdecken: die nordamerikanische Rhodendron-Wildart *albiflorum* im östlichen Parkbereich, die als extrem schwer zu kultivieren gilt, die Art *didymum*, die in Yünnan und Tibet beheimatet ist und über lange Zeit europaweit nur in Bremen zu sehen war (im Steingarten des Parks nämlich), oder die Sorte „Lady Eleanor Cathcart". 1836 von einer britischen Baumschule auf den Markt gebracht, wurde sie schon in den Gründertagen des Parks 1936 gepflanzt und gehört zu den ältesten Züchtungen, die noch heute kultiviert werden.

„Lady Eleanor Cathcart", die besonders durch ihre späte Blütezeit Mitte Juni auffällt, gehört zu den ältesten Züchtungen überhaupt. Eine Pflanze ist im westlichen Teil der Rhododendronpflanzungen zu finden, direkt am Zaun zum Botanischen Garten, die andere südwestlich davon.
Foto: Botanischer Garten

Entdeckungsreise durch die Botanik

Eines der größten Naturerlebniszentren Deutschlands

Der Rhododendronpark sucht seines Gleichen in Europa – wie auch die 2003 eröffnete „botanika" in dem Park, eins der größten Naturerlebniszentren Deutschlands. Die 4000 Quadratmeter große Anlage besteht aus mehreren Schaugewächshäusern, die Blütenpracht rund ums Jahr garantieren sollen. Doch „botanika" bietet mehr – nämlich eine Entdeckungsreise in die Artenvielfalt und die Lebensräume der Rhododendren und Azaleen.

Die Schau setzt zum Beispiel die Hanglagen des Himalaja als ein wesentliches Verbreitungsgebiet für Rhododendren mit künstlichem Gebirge und Wasserfall in Szene. Einen Eindruck von der menschlichen Kultur in dieser Region vermitteln von Kunsthandwerkern geschaffene Einbauten. Dazu gehören der Stupa vor dem Haupteingang – eine tibetische Gebetsanlage, die als die einzige auf öffentlichem Grund in Deutschland gilt – und ein vier Meter langer, liegender Buddha. Der Stupa wie die Buddha-Statue wurden ebenso in Nepal gefertigt wie die mannshohe Gebetsmühle. Dreht sie ein Buddhist, soll sie 165 Millionen Gebete gen Himmel senden, bei Andersgläubigen immerhin noch halb so viele.

Eine besondere Attraktion ist das „botanika"-Entdeckerzentrum, das kleine und große Besucher mit einer Vielzahl interaktiver Installationen, Experimente, Filme und Schautafeln in die Welt der Pflanzenfamilie einführt. Doch auch in den Gewächshäusern ist Raum fürs Spielerische. So können Besucher im japanischen Garten einen Rhododendron am Computer „züchten" und per E-Mail verschicken – als ein Naturerlebnis der virtuellen Art.

Die im Mai 2003 geweihte, buddhistische Gebetsanlage vor dem „botanika"-Eingang gilt als der größte Stupa auf öffentlichem Grund in Deutschland.

Im original-chinesischen Pavillon der „botanika" ist gut ausruhen.

Wissenschaft zum Anfassen

Das erste Science Center seiner Art

Der größte Wal der Welt ist 70 Meter lang, 22 Meter breit und 27 Meter hoch – und an der Bremer Universität gestrandet. Oder handelt es sich eher um eine überdimensionale Miesmuschel, gar eine gigantische Pistazie? Eine der wenigen Fragen, die im „Universum Science Center" offen bleiben. Der Architekt hat sich nicht festgelegt – Besucher müssen raten. Davon abgesehen dürfen sie sich auf Erkenntnisse freuen, wie sie so bislang nur in Bremen zu gewinnen sind. Besucher erleben Erdbeben, während sie auf einem Sofa sitzen, reisen durch Raum und Zeit zurück bis zum Urknall, lernen werdendes Leben in einer begehbaren Gebärmutter kennen und beim Synchron-Rudern mit einem Skelett mit dem schönen Namen „Freddy", welche ihrer Gelenke und Knochen dabei beansprucht werden.

Bei Tag und Nacht schimmert das „Universum" silbrig wegen der aus 40 000 Edelstahlschindeln gestalteten Außenhaut.

Anhand von 250 Mitmach-Exponaten wird im Science Center fröhliche Wissenschaft betrieben. Nicht zum Anfassen sind nur die lebendigen Ausstellungsstücke, darunter die tropischen Blattschneider-Ameisen. Sie demonstrieren in ihrem Glaskugel-Gehege kollektive Intelligenz: In der Masse stark, zerlegen sie für ihren Bau in Windeseile Brombeer- oder Rosenzweige. Betreut werden die Insekten von einem eigens dafür eingestellten Ameisenpfleger. Seine Pflege schlägt an, die Ameisen gedeihen prächtig. Nur einen Nachteil hat das: Ihre Ersatzmannschaft fristet im Hinterzimmer ein Leben unter Ausschluss der Öffentlichkeit. Sie wurde vorsorglich beschafft, um die Akteure zu ersetzen, sollte das aus den Tropen stammende Volk plötzlich eingehen. Doch das A-Team lebt. Und lebt. Und lebt.

Pfleger Jens Wessels 2003 bei der Versorgung der Blattschneider-Ameisen.
Fotos (2): Universum Science Center

Ein Neubau, ein Bauherr und eine Kirche

Die ausgefallensten Bauten Bremens

Kreisrunde Giebel, zwölf Meter hoch, Fenster, die über zwei Geschosse reichen – für viele ist es schlicht „die Moschee", für seinen Besitzer ist es sein „Experimentierhaus". Zweieinhalb Jahre tüftelte der Bremer Architekt Thomas Klumpp an seinem Wohnhaus. Das Ergebnis: ein Ziegelhaus mit drei Ebenen, 180 Quadratmeter groß und mit einem Garten auf dem Flachdach. Äußerlich „tanzt" es aus der Reihe der architektonisch konservativen „Bremer Häuser" der Rutenstraße, und dennoch trägt es Merkmale dieses Haustyps: ein Hochparterre, ein Souterrain und ein ebenerdig davon abgehender Garten. 1981 erbaut, war das Haus die Basis für viele weitere Klumpp-Bauten in Bremen: das Kongresszentrum, die „Marterburg-Häuser" im Schnoor oder das „Universum" – verspielt, farbenfroh, formenreich, gerne auch als „postmodern" bezeichnet.

Warum neu bauen, wenn es schon Gebäude gibt, dachte sich Rainer Mielke. Das Fundament für sein Traumhaus fand der Bremer Architekt in der Claussenstraße im Stadtteil Schwachhausen: einen von 100 Bremer Bunkern. Fünf Jahre dauerten die Genehmigungsverfahren, im April 1989 begann der Umbau zum ersten privat genutzten Bunker Bremens. Im Bunker befindet sich heute eine Galerie, gewohnt wird auf dem Dach. Die vorderen Wohnräume überspannt ein tonnenförmiges Wellblechdach – eine Hommage an zeitgenössische Industriearchitektur.

Sie gilt als einer der kühnsten Kirchenbauten der Nachkriegszeit: die elliptische St.-Lukas-Kirche in Bremen-Grolland, 1964 geschaffen vom Bremer Architekten Carsten Schröck (1923–1973), der in Bremen zwölf evangelische Gemeindezentren baute. Der sumpfige Untergrund erforderte eine leichte Bauweise, eine Holzkirche entstand. Schröck setzte darin eine lang gehegte Idee um: Vorgespannte Seile halten die Holzwände und das Holzdach – die St.-Lukas-Kirche wurde der erste Seilnetzbau mit Holzabdeckung in Deutschland.

Ein einmaliger Haustyp

Das „Bremer Haus"

Am Modell des Hauses Mathildenstraße Nr.6 im Focke-Museum lässt sich das Typische des „Bremer Hauses" erkennen: Haupteingang und Garten liegen nicht auf einer Ebene. Auf Grund des hohen Grundwasserspiegels verzichtete man auf einen Keller, schüttete statt dessen den Aushub aus den flachen Baugruben zu Straßenzügen auf und ließ darin die Kanalisation ein.

Bei Bremern ist es heiß begehrt, und Touristen kommen bei seinem Anblick ins Schwärmen: das „Bremer Haus" – ein einmaliger Haustyp, der ab Mitte des 19. Jahrhunderts in vielen Stadtteilen Bremens in unterschiedlichen Größen entstand, und zwar ausschließlich als Reihenhaus. Denn von 1841 bis in die 20er Jahre des 20. Jahrhunderts schrieb die Bremer Bauordnung das so genannte „Gängeverbot" vor – Mietwohnblöcke mit Hinterhöfen, wie sie damals in Hamburg und Berlin entstanden, durften in der Hansestadt nicht gebaut werden. Neubauten mussten ihre Eingänge zur Straße hin haben. Außerdem ermöglichte die „Handfeste", eine Kreditvergabe in Form eines Grundpfandes, auch weniger wohlhabenden Bremern, ein Haus zu erwerben. Und mit Einführung der Gewerbefreiheit 1861 durften sich nun auch Gesellen und Meister als Bauunternehmer selbstständig machen.

Ein Bau-Boom setzte ein, in den Vorstädten entstanden so genannte „Unternehmerstraßen". Bauunternehmer und Bauspekulanten bauten auf eigene Kosten komplette Straßenzüge mit einheitlichen Ein- und Zweifamilien-Reihenhäusern, Lage, Grundstücksgröße, Hausbreite, Fassadengestaltung und Innenausstattung wurden nach den vermuteten Wünschen und finanziellen Möglichkeiten der zukünftigen Käufer vorab festgelegt.

Um die Baukosten niedrig zu halten, fertigte man den Fassaden- und Raumschmuck industriell aus Steinguss, das ging schneller und war preiswert. Aus der „Massenware" wählten die zukünftigen Bewohner dann Elemente für die „individuelle" Gestaltung ihres Hauses aus: Friese, Tierfiguren, Rundbögen, Faune und Frauenköpfe.

In einem Frauenkopf soll angeblich das Antlitz einer Bremerin verewigt sein: das von Mathilde Rutenberg, der Ehefrau des Bremer Baumeisters Lüder Rutenberg, der sich mit dem Bau der Kunsthalle einen Namen gemacht hatte und in den 50er und 60er Jahren in den Wallanlagen und in der Östlichen Vorstadt viele „Bremer Häuser" baute. Im Haus Nr. 6 der Mathildenstraße blickt ihr steinernes Abbild auf den Treppenaufgang hinunter. So sie es denn ist. Denkbar wäre es, hat ihr Mann doch die vornehme

Ist sie es nun, oder ist sie es nicht, Lüder Rutenbergs Ehefrau Mathilde? *Fotos (2): Jörg Sarbach*

Seit 1866 stehen in der Mathildenstraße besonders schöne „Bremer Häuser", hier die Innenansicht des Hauses Nr. 6.

Das „Bremer Haus"

Mathildenstraße auf eigene Rechnung gebaut, um sie später an wohlhabende Kaufleute zu verkaufen. Mit dem Straßennamen hatte er ihr ja bereits ein Denkmal gesetzt, warum dann nicht auch in Form eines Schmuckelements? Zwar ist das bislang nicht bestätigt, widerlegt hat es aber auch noch niemand.

Schlichter gestaltete, schmalere „Bremer Häuser" ohne Veranda findet man zum Beispiel in der Ritterhuder Straße im Stadtteil Gröpelingen, wo bis in die 70er Jahre des 20. Jahrhunderts vor allem Hafen- und Werftarbeiter und kleine Angestellte lebten.

Bei Wind und Wetter

Freiherr von Hünefeld

Ein echter Patriot und Dichter war er: Ehrenfried Günther Freiherr von Hünefeld. Der gebürtige Berliner Hünefeld ist Bremens berühmtester Flieger. Am 12. April 1928 startete er mit einer einmotorigen Junkers W33 Richtung neue Welt. Ein Flug gegen den Wind, von Ost nach West. Viel gewagter als ein Jahr zuvor die Reise Charles Lindberghs, aber ohne triumphalen Empfang wie bei seinem ungleich berühmteren Vorgänger.
Hünefeld, sein Co-Pilot Hermann Köhl und James C. Fitzmorris, der in Irland zugestiegen war, schlingerten damals durch widriges Wetter Richtung Amerika. Ihre winzige, wellblechverkleidete Junkers ging in einem Schneesturm 36,5 Stunden nach der Zwischenlandung in Baldonnel / Irland um 1.40 Uhr mitteleuropäischer Zeit auf einem Schneefeld auf Greenly Island in Neufundland zu Boden. New York war verfehlt, aber Amerika erreicht. Die Leuchtturmwärter-Familie von Greenly Island fand die Abenteurer samt verbogenem Propeller.

Eine Tafel am Bremer Rathaus erinnert an den Epoche machenden Flug Hünefelds nach Amerika.

In seinem Flug sah Hünefeld die Chance, nach der Abdankung des Kaisers 1918 seiner Heimat wieder zu alter Größe zu verhelfen. In Gedichten und Liedern und im Cockpit kämpfte er für die nationale Wiedergeburt Deutschlands und für die Völkerverständigung, letzteres trug ihm in der Weimarer Republik viel Misstrauen ein.

Helden ihrer Zeit, denn sie waren ihrer Zeit voraus: Hermann Köhl, James C. Fitzmorris und Ehrenfried Freiherr von Hünefeld (v. li.).

Zwar hielt Hünefeld nach seinem Flug in Amerika viele Vorträge und begeisterte seine Zuhörer. Zwar unternahm er noch einen zweiten abenteuerlichen Flug über Sofia, Bagdad und Shanghai nach Tokio. Aber er selbst konnte nicht lange zehren von seinem Ruhm und seinem Traum der Völkerverständigung. Im Februar 1929 starb Freiherr von Hünefeld nach seiner 13. Operation an Krebs. Er wurde in Berlin begraben.

Sein Flugzeug ist in Amerika geblieben. 1997 holte es die Bremer Initiative „Holt die Bremen nach Bremen" aus dem Edison-Institut-Museum in Dearborn/USA an die Weser. Die silbern glänzende W33 steht vorerst bis 2005 im Bremer Flughafengebäude.

Ein einfallsreicher Mann

Der Luftfahrtpionier Henrich Focke

Der F 61 mit zwei Rotoren an Auslegern war der erste voll flug- und lenkfähige Hubschrauber der Welt.
Abb. (2): Kai Steffen

Wer in Bremen mit dem Flugzeug ankommt, landet auf historischem Gelände. Der 1913 gegründete Flughafen ist einer der ältesten der Republik. Flugversuche wurden hier noch früher unternommen – von einem der bedeutendsten Luftfahrtpioniere Deutschlands: Henrich Focke (1890–1979). Der Ururenkel des Bremer Astronomen Wilhelm Olbers machte sich 1924 mit seinem Freund Georg Wulf in einem Schuppen am Flughafen selbstständig, gemeinsam bauten sie weithin bekannte Flugzeuge wie die „Ente". Ein Höhepunkt für die Focke-Wulf-Werke: Der erste Nonstop-Flug einer „Condor" von Berlin nach New York 1938 in 24 Stunden und 56 Minuten, der die transatlantische Passagierluftfahrt begründete. Die weltweit letzte „Condor" wird nun restauriert – u.a. im Bremer Airbus-Werk, das heute auf dem Gelände der Focke-Wulf-Werke steht.

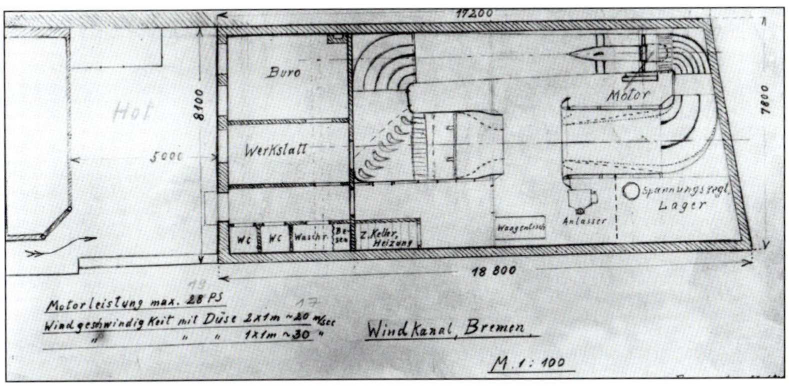

Entwurf des Windkanals von Henrich Focke.

Als die „Condor" startete, war Wulf schon elf Jahre tot, Henrich Focke aus der Firmenleitung ausgeschieden. Dem Flugzeugbau blieb der geniale Konstrukteur aber trotz begrenzter kaufmännischer Fortune treu. 1936 gelang ihm ein großer Coup: Er präsentierte der Welt den ersten wirklich lenk- und flugfähigen Hubschrauber, der alles bis dahin Gekannte in den Schatten stellte.

Mit dem Windkanal wurden zugleich handschriftliche Aufzeichnungen Fockes entdeckt, die nun restauriert werden.

Erst mit 74 Jahren setzte Focke sich zur Ruhe, ließ jedoch immer noch nicht vom Thema seines Lebens: Er baute sich privat einen Windkanal für strömungsdynamische Versuche, ein einmaliges technisches Denkmal, das erst kürzlich wiederentdeckt wurde. Noch gehört sein Standort zu den gut gehüteten Geheimnissen Bremens, doch voraussichtlich am 8. Oktober 2004, dem 114. Geburtstag Fockes, soll er der Öffentlichkeit zugänglich gemacht werden. Wer Focke vorher seine Reverenz erweisen will, muss sich mit einem Besuch am Familiengrab auf dem Riensberger Friedhof bescheiden.

Hoch über der Stadt

Der einzige Fallturm Europas

Bremen holt das All auf die Erde – mit dem einzigen Fallturm Europas. Das 146 Meter hohe, 1990 eröffnete Labor an der Universität erlaubt Experimente unter den Bedingungen der Schwerelosigkeit, wie sie sonst nur im Weltraum möglich sind. Dabei ist alles eine Frage guten Timings: Zeit für Versuche ist bislang nur 4,74 Sekunden. Nach der für dieses Jahr geplanten Fertigstellung eines Katapults, das die Fallkapsel zurück in die Spitze schleudert, werden Versuche doppelt so lang dauern.

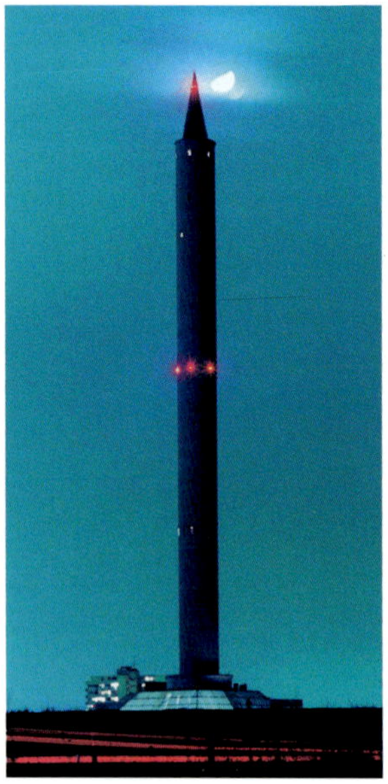

Der Fallturm bei Nacht: Ähnelt er einem Bleistift?

Wissenschaftler aus der ganzen Welt nutzen diese Anlage, weil das billiger ist, als Experimente mit einer Rakete in den Weltraum zu schießen. Ihre Versuche beschäftigen sich unter anderem mit Fluidmechanik, also dem Verhalten von Flüssigkeiten. Eine der Fragestellungen lautet: Wie verbrennt Benzin? Kenntnis von Verbrennungsprozessen, die unbehindert von irdischer Schwerkraft ablaufen, kann bei der Konstruktion Benzin sparender Motoren nützen.

Nicht nur wissenschaftlich, auch optisch ist der Fallturm spektakulär. Bremer nennen den Turm „Bleistift" wegen seiner Spitze, die vorwiegend aus ästhetischen Gründen aufgesetzt wurde – schließlich sollte der Turm ja nicht mit einem Industrieschornstein verwechselt werden. In diese Spitze ist ein Konferenzraum integriert, der kürzlich aus Brandschutzgründen für Besucher geschlossen werden musste. Den tierischen Liebhabern des Fallturms wird´s recht sein. Seit Jahren nistet dort ein Wanderfalken-Paar. Nun wird es nur noch von einer Kamera beobachtet, die Bilder in den Kontrollraum des Turms überträgt.

Zwölf Mal pro Woche kann die Fallkapsel mitsamt integrierten Experimenten abgeworfen werden – nicht öfter, denn es dauert Stunden, die Luft aus dem Turm abzupumpen, um ein Vakuum zu erzeugen.
Fotos (2): ZARM

Raumfahrt made in Bremen

Bremen hat einen Namen in der deutschen Raumfahrttechnologie, wozu der Fallturm und sein übergeordnetes Universitätszentrum für angewandte Raumfahrttechnologie und Mikrogravitation (ZARM) das ihre beitragen. Die praktischen Anwendungen aber stammen vorwiegend aus der Industrie und besonders vom Bremer Ableger des Raumfahrtkonzerns EADS am Flughafen.

Die maßstabsgetreue Kopie der europäischen Trägerrakete Ariane 4 ist ein Blickfang des neuen Erlebnisparks. *Foto: Space Center*

Dessen Aufstieg in der Branche begann 1961, kurz nach den Raumflügen von Juri Gagarin und Alan Shepard, als den Westeuropäern klar wurde, wie sehr sie in der Raumfahrt hinterherhinkten. Norddeutsche Flugzeughersteller – darunter die Bremer Focke-Wulf-Werke – stellten nun Ingenieure ab, um an der Entwicklung einer Europa-Rakete mitzuarbeiten. Zeitsprung: Bis heute entstehen in Bremen die Oberstufen für die Ariane-Trägerraketen.

Im Haus von EADS wurde auch das „Spacelab“ konstruiert, in dem ab 1983 im Weltraum experimentiert wurde. Zuletzt feilten die Experten zum Beispiel am wesentlichen europäischen Beitrag zur Internationalen Raumstation (ISS), dem Weltraumlabor „Columbus“. Es ist im Modell bei EADS zu erkunden, das Original-Spacelab in der Bremen-Halle des Flughafens.

Wie aus dem Sci-Fiction Schocker „Alien“: der Zugang zum Space Center. *Foto: Jörg Sarbach*

Das in Bremen gebaute Wissenschaftsmodul „Columbus“ – hier im Modell – ist der bedeutendste europäische Beitrag zur Internationalen Raumstation. *Foto: Jörg Sarbach*

Wem das zu viel Wissenschaft ist: Bremen bietet auch einen Raumfahrt-Abenteuerspielplatz. Das 22 000 Quadratmeter große „Space Center“ im Stadtteil Gröpelingen verwertet seit der offziellen Eröffnung im Februar 2004 das Raumfahrt-Image Bremens touristisch und lockt unter anderem mit Abenteuer-Simulationen à la „Star Trek“ und „Stargate“. Seine Zukunft schien bei Redaktionsschluss allerdings ungewiss. Dasselbe gilt für den gewaltigen Einkaufstempel nebenan. Bislang hat sich dort kein Händler angesiedelt – ob sich das je ändert, stand Mitte 2004 in den Sternen.

In der Freizeit in den Weltraum: Der „Space Park“ ist eine gigantische Spielwiese für Science-Fiction-Fans. *Foto: Space Center*

Bücher aus dem Verlag Wartberg

Es war einmal...
Der Bremer Überseehafen
von Georg Schmidt
72 S., geb., zahlr. S/w-Fotos
Großformat
(ISBN 3-86134-660-5)

Hurra wir leben noch!
Bremen nach 1945
von Georg Schmidt
64 S., geb., zahlr. S/w-Fotos
(ISBN 3-86134-851-9)

Bremen – Ein verlorenes Stadtbild
von Herbert Schwarzwälder
72 S., geb., zahlr. historische S/w-Fotos
(ISBN 3-86134-173-5)

Erinnerungen an Bremen
wie es einmal war
von Susanne Gieffers
64 S., geb., zahlr. S/w-Fotos
Großformat
(ISBN 3-8313-1083-1)

Freizeitführer Region
Bremen/Oldenburg
von Josephin Warring
Ausflugsziele, Sehenswürdigkeiten.
192 S., brosch. geb., zahlr. S/w- und Farbfotos
(ISBN 3-86134-545-5)

Hans-Joachim Kulenkampff
Ein Bremer Junge
von Georg Schmidt
80 S., geb., zahlr. S/w- und Farbfotos
(ISBN 3-86134-982-5)

Es regnet Feuer!
Bremen im Bombenkrieg
von Georg Schmidt
64 S., geb., zahlr. S/w-Fotos
(ISBN 3-8313-1407-1)

Wartberg Verlag GmbH & Co. KG
Im Wiesental 1 • 34281 Gudensberg-Gleichen
Telefon: 0 56 03/9 30 50 • Fax: 0 56 03/30 83 • www.wartberg-verlag.de